JN088000

令和編

脱「日本版PFI」のススメ

のススメ

急がれるサービス調達型への転換

オフィス・クマガエ代表
クラウンエイジェンツ・ジャパン株式会社
PPP事業部シニアアドバイザー

熊谷　弘志　著

発行 日刊建設工業新聞社　　発売 東洋出版

　2022（令和4）年6月3日、岸田文雄総理は、総理大臣官邸で第18回民間資金等活用事業推進会議を開催し、以下のように述べた。

　「本日、令和4年度から10年間の事業規模目標を30兆円と設定し、PPP/PFIの推進策を抜本強化する、新たなアクションプランを決定いたしました。公共の施設とサービスに民間の資金と創意工夫を最大限活用するPPP/PFIは、新しい資本主義における新たな官民連携において、柱となる重要な取り組みです。厳しい財政状況の下でも多様な政策ニーズに対応するとともに、民間の新たなビジネス機会や新たな市場を創造し、成長と分配の好循環を実現いたします」

　一言でいうと、PPP/PFIの推進策を活用して経済の活性化を実現するという宣言である。

　しかしながら、既存のPFI法に基づく施設調達型PFIを活用して所得分配の原資を作り出すことは困難である。PFIの促進に当たっては、既存の施設調達型PFIをサービス調達型のPFIに転換しない限り、経済の活性化の実現は難しい。本書は現在の施設調達型のPFIをサービス調達型のPFIに転換することで、停滞している経済を活性化させる実現性を高めるための解説書である。

　世界中で新たなサービスが経済成長の糧として生み出されている一方で、日本経済が過去30年間において成長していない背景には、モノづくりにばかり焦点が当たりすぎて、サービスに本気で取り組んでこなかったことに原因がある。PFI手法を施設調達のための「公共の施設とサービスに民間の資金と創意工夫を最大限活用する手法」と捉えてしまっているようでは、経済の活性化は達成できない。PFIは施設調達の手法ではなく、サービス調達手法であるからだ。

　本書は、過去30年の経済停滞から日本が抜け出すためには、そろそろモノづくりだけでなく、モノの機能をサービスに転換することに取り組まなければならないことに警鐘を鳴らすためのものである。岸田内閣の進むべき方向は、既存のPFIの利用拡大であってはならない。既存のPFI法の前提となっている施設調達をサービス調達に転換しない限り経済成長は実現できないからだ。

　本書の説明を通して理解していただきたいのは、サービスは、かつてのようにモノに付随する無料の活動であったり、非生産的な経済活動ではなくなっているという事実であり、モノの機能をサービスに転換することで、モノが生み出す価値よりも

高い価値を持つサービスを生み出すことが可能であり、モノの価値と並行して市場で計上できることであって、官民がその考え方に基づいて経済活動する必要があることだ。

振り返ってみれば、私が、1998年に英国でモノの機能をサービスに転換するサービス調達型PFIの仕組みと出会った時、物品調達をサービス調達に転換するというアイデアの斬新さに驚き、この仕組みは経済を活性化させる手法であると感銘したことを覚えている。日本でも、このPFI手法を可能にする法律が、1999年7月に施行され、その活用が広がることを期待して、2000年に帰国後、それまで働いていた清水建設株式会社を退職して、PFI/PPPのコンサルタントに転身した。早いものでPFI/PPPのコンサルティング業務に従事して23年が経過した。私は日本のPFI事業の黎明期にPFIの専門家として国内のPFI事業に従事し、英国のPFI事業で取り入れられた「サービス調達型のPFI手法」を広めようと取り組んだ。しかしながら、実際に日本で導入された日本版PFIの施設整備費の割賦払いの仕組みは、私が感銘を受けたサービス調達型PFI手法の仕組みとは大きく異なるものであった。

このマーケットの進んでいる方向を是正しようと考え2007年に『脱「日本版PFI」のススメ』（日刊建設工業新聞社発行）を執筆した。しかしながら、簡単な割賦支払型が法律で可能となっている中で、施設調達をサービス調達に転換する仕組みを導入することは、求められてもいない面倒で複雑なサービス転換の仕組みを公共調達に組み込むことに他ならなかった。当時は社会的ニーズも不十分であり、アマゾンで数カ月間、PFI専門書としてトップにランクされたものの、第2版で増版は終わり絶版となった。この失敗の原因は、当時は、所得拡大の社会的ニーズが不十分であったために、施設機能のサービス化が所得原資の拡大につながる効果に焦点を当てず、公共リスクを民間に移転する手法として、リスクに焦点を当てすぎてしまったことではなかったかと考えている。

現在は、停滞している経済活性化の解決方法が必要であるという社会的ニーズがある状況に加え、デジタル化やAIの活用等によって、これまでのサービスよりも利益率が高く、確実に事業採算性を確保することができるサービスが市場に登場しており、当時と状況は異なっている。このような時代になったからこそ、PFI事業においてもモノの機能をサービスに転換する仕組みに注目が集まってくるのでは

ないかと考えている。

　また、前著の『脱「日本版PFI」のススメ』には、要求水準書の例を示したが、そのアップデート版が、前著を出版した段階において英国で公表されていたため、どのようにアップデートされたかの分析結果を第2版として公表しようと考えていた。しかしながら、英国におけるPFIの施策が中止されてしまったことから、その重要性も低くなったと考え、この情報は公表せずに一度お蔵入りさせた。今回、施設調達をサービス調達に転換する観点から本書を書き下ろすに当たり、具体的な仕様書の事例として提示することに大きな意味があると考えて、サービス調達の観点から見直した上で本書の第14章と第15章に添付した。

　本書を読んでいただければ、当たり前のことしか記載していないことが分かるが、これまでの公共調達の考え方とは異なっていることから、欧州においては、公共調達のパラダイムシフトであり、ブレークスルーであるといわれた考え方である。民間ビジネスに活用される経済理論には大きな注目が集まるため、日本でも紹介されることが多いが、このような公共調達におけるブレークスルーは、ニューパブリックマネジメントとして、一時ブームになったものの、その背景にこのようなモノ調達をサービス調達に転換するという考え方があったことは紹介されてこなかったと思う。

　既にEU調達では、具体的な物品の調達が公示された場合において、モノの機能をサービスに転換して事業提案をすることも認められている。日本においても、単に公共投資を増やすのではなく、経済を活性化させるための一つの手法としてサービス調達手法を公共投資プログラムの中に組み込んでいくという世界標準の考え方の導入が必要である。そして、それが、これまで30年間続いてきた景気低迷の回復の一つのツールとなり、きっかけになるのではないかと考える。

　私は、2013年から、調達代理機関であるクラウンエイジェンツ・ジャパン株式会社に転職したのをきっかけに、国内のPFI事業へ関与しなくなった。現在は、海外の低所得国へのODA事業の中に、PPPの考え方を組み込み、民間投資と無償資金を組み合わせた事業・運営権対応型無償資金協力の事業に従事している。そして、このモノの機能をサービスに転換する仕組みの重要性が、低所得国においても求められていることを実感している。日本企業が海外でPPP事業に取り組むに当たっては、日本のPFIを参考にすべきではない。低所得国のPPP事業はサービス調達型のものであることを理解しなければならない。

　なお、本書執筆後に、国内外との共同研究・企業連携を推し進め新たな投資会社も含めた産官学の連携を目指しているNIMS（国立研究開発法人物質・材料研究機構）の知京豊裕特命研究員（外部連携部門長兼任）と、このサービス調達型のPFIの重要性について議論した。その議論内容が、地方の活性化を促進しようとしている森ビル都市企画株式会社の阿部隆行事業企画部長と山口市の中谷尚夫企業誘致・産業交流拠点担当参与に伝わったらしく、サービス調達型PFIについて興味があるので話を聞きたいという要望を受けた。そこで、知京氏と一緒に山口市に行って産官学民連携のレクチャーを行うことになった。そして、この2022年6月の自治体へのサービス調達型PFIのレクチャー内容および、その後の参加者と行った質疑応答および議論の中である程度明確になった地方自治体が認識するサービス調達型PFIの活用上の課題については、「第4章　利用者が考えるモノのサービス化」および、「第6章　地方自治体が必要と考えるモノのサービス化」として、急遽取りまとめて追加した。

　繰り返しになるが、PFI手法が、経済を活性化させる手法として捉えられたのは、モノの機能をサービスに転換することで、モノとしての価値と、サービスとしての価値を市場において2回計上できるからである。PFI手法を民間事業者の能力を活用して行政コストを削減する施設整備手法として位置付けると、そこにはコスト削減というマイナスの要素しかないため、国内のサービス購入型PFIのように、施設調達分相当をサービス料金と名称を変更してもプラスの要素は生み出されない。プラスの要素を生み出すためには、IHIP特性（無形性、非均一性、生産と消費の不可分性、消滅性）を持ったサービスを成立させることが重要であり、それができる仕組みを組み込む必要がある。

　本書が、日本のPFI手法の改善および発展につながり、その結果としてサービス産業が育成され、冷え込んだ日本経済の回復に少しでも寄与できんことを望んでいる。

2022年11月

　本書は、2部構成となっている。第1部では、サービス調達型PFIと、国内で導入されている施設調達型PFIの違いを説明した上で、サービス調達型PFIに関与するステークホルダーの役割と、どのようなパートナーシップが必要であるかについて説明を行う。そして第2部では、要求水準書とモニタリングおよび、モニタリングの結果を反映した支払メカニズムによってサービス調達型PFI事業を成り立たせるための考え方やプロセスを記載する。ここでは、実務者の立場に立って理解できるように参照文献として解説する。

　第1部は、第1章〜第12章で構成される。

　第1章では、これまでのサービスの経済学的な位置付けが変化してきたことについて説明をする。サービスは経済学的には、IHIP特性を持っているため、非生産的な経済活動として分類されてきた。しかしながら、そのIHIP特性が DXやAIと相性が良いため大きな相乗効果を生み出していることや、サービス調達型PFIを含むプロジェクトファイナンスで活用されるパフォーマンス支払メカニズムとサービスの親和性が高いことが注目されている。このようにサービスはもう生産的な活動へ転換する対象となっているのである。

　そして第2章では、進化しているサービスのさまざまな形態がサービス調達型PFIに取り込まれていることや、サービス調達型PFIと施設調達型PFIがどのように違っているのかについて概要を説明する。

　そして、第3章〜第6章として、モノをサービスに転換して所得分配原資を倍増させることを説明する。製造業、利用者、中央政府、地方政府のそれぞれにとって考える必要のあるモノのサービス化の違いと共通点を理解していただきたい。

　第3章では、製造業によるモノのサービス化は進んでおり、英国では既に民民の間でサービス調達型の施設整備が進んでいることを紹介する。第4章では、利用者が考えるモノのサービス化についてトヨタグループのKINTOサービスを活用して説明する。第5章では、モノ消費からコト消費への転換に注目が当たっていることや、PFIのガイドラインにおいて施設整備費をサービス料金と名称だけ変えるガラパゴス化した概念を取り入れたことにより、説明が成り立たない状態になっていることを説明し、もっとシンプルに考える必要があることを提言する。第6章の地方自

治体が必要と考える施設のサービス調達については、出版直前に急遽追加記載したものである。PFIの導入当時に地方自治体が期待していたPFI手法によって経済を活性化することができなかった理由について説明し、サービス調達型PFIを導入するのであれば、どのような施設が望ましいのかについて解説する。

第7章では、サービス調達型PFI事業の根幹にある施設調達をサービス調達に転換するという考え方がどのようにして英国で生まれたのかを説明し、第8章では、そのPFIの定義とはどのようなものかを国際標準となっているガイドラインを参照して説明する。

第9章では、モノの調達とサービスの調達では、融資における担保が異なることを説明し、第10章では、このようなモノ調達とサービス調達の違いから、日英においてPFIの事業類型が異なっていることを説明する。

第11章は、サービス調達型PFIを構築するためのステークホルダーである、発注者、事業者、金融機関の役割について説明する。そして第12章において、これらのステークホルダーがパートナーシップを構築するために必要な、業務分担、リスク分担、リスク管理手法の説明を行った上で、それぞれのステークホルダーの業務内容を解説する。

第2部は、第13章～第16章と添付資料で構成されており、実務家向けのサービス調達型PFI事業の参考資料として位置付ける。

まず第13章では、具体的なサービス調達型PFI事業契約の入札図書における要求水準書、モニタリングおよび支払メカニズムがどのような連携を取る必要があるかについて記載する。

そして、第14章では、サービス調達型のPFI事業を実施するために必要な要求水準書とその要求のモニタリングがどのようなものであるかを、実際に英国の国民保健サービス機構（NHS）が作成したNHSアウトプットサービス仕様書を活用して説明する。前著ではアウトプットサービス仕様書の第2版を添付したが、本書では、その第2版が第3版としてどのように見直されたのかを事例として取り上げ解説する。

第15章は、前著で説明しきれなかった部分であり、IHIP特性を持つサービス料金の支払いにおいては、「受け取っていないサービス料金は支払う必要がない」

という考え方に基づいたサービス料金の支払メカニズムについての解説である。サービス料金の減額は、ペナルティではなく、単に受け取っていないサービス料金を支払わないための仕組みであることを理解していただきたい。

そして第16章として、既に標準化されている事業プロセスはどのようなものであるのかを、世界的な職能試験の実施機関であるAPMGのCP3Pガイドを活用して説明する。ここで紹介したPPP事業実施のプロセスは、一般財団法人エンジニアリング協会が実施しているL2PM実務習得コースの教材の一部を活用して説明したものである。なお、ここで標準モデルとして活用したPPPの事業実施プロセスは、APMGのPPP資格認定のプログラムの内容を筆者がまとめたものである。APMGのPPP資格認定プログラムは、既に英語、中国語、スペイン語、フランス語、日本語、ブラジル系ポルトガル語、ロシア語、セルビア語、アルバニア語に翻訳されている。ガラパゴス化した施設調達型PFI手法が唯一のPFI手法だと思っている専門家も多い日本において、世界標準としてのサービス調達型のPPP事業を紹介することが必要であると考え、筆者がAPMGに翻訳協力を申し入れて、APMGと一緒に日本語化し、日本語で検定試験を受けられるようにしたものである。

このガイドラインは、WEB上で開示しているので（https://ppp-certification.com/pppguide/japanese）、サービス調達型のPFI手法とは一体どういうもので、どうして経済を活性化させる手法として世界的に注目されているのかを論理的に理解していただきたい。

　いま、わが国は大きな時代の転換点にあり、スピードと革新力が求められている。

　これまでは大学や企業で生まれたシーズを発展させ製品化につなげることが競争力の源泉であった。しかし、現在ではこれらのシーズに情報科学やデータ科学などとの分野融合は必須である。新しいシーズを見つけ、知識集約型のビジネスをスタートアップなどを通じて早く市場に投入し、走りながら修正していくことが求められている。ここでは研究開発を続けると同時に、出口シナリオや資金調達、ビジネスモデルなどを修正しつつ、全てを並行して進めることが必要である。

　このような多様な要素で構成される研究開発環境を自前で全て準備することは不可能である。

　このような背景から、最近では研究開発インフラとしてプラットフォームが注目されている。半導体分野を例にとれば、研究開発のインフラ提供と多様な研究者との協業の場としてはベルギーのimecが代表的である。ここでは次世代集積回路に関する共通課題を解決するために、最先端の半導体製造装置や分析機器を揃えている。また、材料開発のためのプラットフォームとしては、最近、イギリスのMaterials Innovation Factoryも注目されている。ここでは自律的なロボットが材料を自動合成し、その結果をデータとして蓄積するだけでなく、そのデータを使い、機械学習などデータ駆動型材料開発を進めている。

　わが国でも、「ナノテクノロジープラットフォーム事業」が2012年から進められ、全国26の機関が保有するナノテクノロジー装置がナノテク研究のために利用され、産業界や研究現場技術的課題の解決に貢献している。今後は分野融合や知の協奏の場として機能していくと期待される。

　しかし、研究課題は多様であり、機器は高度化し、大型設備も必要である。このようなインフラを今後どのように維持管理し、かつ多様でスピードが求められる研究開発に対応していくかは大きな課題である。

　海外の研究インフラの維持管理を見ると、研究施設や機材機器の維持管理は、それを専門とするパートナー企業からサービスとして購入することでより効率的に安いコストで実施している例がある。前述のimecでは、最先端のリソグラフィー装置である極端紫外光（EUV）露光装置が導入されているが、装置の維持管理に

は製造会社であるASMLが関与し、また露光に必要なレジスト材料メーカーも常駐している。ここではその装置を必要とする企業とその装置を提供する企業、関連する企業が目的を達成するために協業している。装置メーカーと関連する企業がサービスとして装置の維持管理や運用のノウハウを提供することで開発速度を高めることに貢献している。

　しかしながら、わが国の研究支援インフラではこのような体制にはなっていない設備が大半である。研究所に導入されている設備の維持管理はその機関の責任で実施している。このような設備では不具合が生じた場合、所有機関の予算で修理をすることになる。最先端機器は精密機器であり、新しい最先端の装置に慣れていない作業員が運用することによる故障のリスクが生じる。このようなリスクを回避し、研究者と装置メーカーが一体となり、装置の不具合の発生リスクを回避しながら研究開発をすることはわが国の産業競争力につながる。このような観点からサービス調達型のPFIの考え方に共感するものがある。

　本書は研究開発インフラの維持管理をサービス調達型PFIで実施する場合に活用可能な諸外国の発注例が紹介されており興味深い。このような考え方はわが国の研究インフラの維持管理もサービスに転換できるという発想の転換をもたらし、プラットフォームの運用をより安定かつ高度化することに貢献するものと期待している。

国立研究開発法人物質・材料研究機構

特命研究員（外部連携部門長兼任）　知京豊裕

Contents

はじめに ·· *2*

本書の構成 ··· *6*

出版に寄せて ·· *10*

第1部　サービス調達型PFIとは何か（第1〜第12章）

第1章　サービスとは何か ··· *21*

1.1　無料のサービスと有料のサービス ································ *22*

1.2　第三次産業としてのサービスとサービスの細分化 ········ *22*

1.3　サービスの統計とDX ··· *22*

1.4　サービスの成長が世界の経済成長の原動力 ·················· *22*

1.5　サービスの位置付けが明確になっていない日本 ············ *23*

1.6　かつての製造業とサービス業の関係 ···························· *23*

1.7　サービスの四つの特性（IHIP特性） ··························· *23*

1.8　プロジェクトファイナンスによるサービスパフォーマンスに対する支払い ··· *24*

1.9　サービスの進化とサービス調達施策として捉えるべきPFI手法 ············ *25*

第2章　近年注目されるサービス形態からサービス調達型PFI事業を見直す ··· *29*

2.1　本章の目的 ··· *30*

2.2　サブスクリプションサービス ······································ *30*

2.3　定額制/月額制サービス ·· *31*

2.4　リカーリングサービス（リカーリングビジネス） ·········· *31*

2.5　レンタルサービス ·· *32*

2.6　シェアリングエコノミー ··· *32*

2.7　非経済性を克服する仕組みが組み込まれているサービス調達型PFI ··· *33*

第3章　製造業が考えるモノのサービス化 ·············· *35*

3.1　バランススコアカードとKPIs ······································ *36*

3.2　バランスの取れたKPIs ……………………………………… 37

3.3　KPIsを活用したサービスの標準化 ……………………… 37

3.4　モノの販売からサービスの機能の販売への転換 ………… 38

3.5　製造業がサービス業に転換すると売り上げ倍増は期待できない ……… 39

3.6　民民間のサービス調達パートナーシップ ………………… 39

第4章　利用者が考えるモノのサービス化 ………………… 41

4.1　これまでのクルマのローンとファイナンスリース ……… 42

4.2　マイカーローンによるクルマの所有 …………………… 42

4.3　カーリース（ファイナンスリース）によるクルマの実質的な所有 ……… 43

4.4　KINTOのサブスクリプションサービス ………………… 44

4.5　購入、ファイナンスリースおよびサブスクサービスの経済効果の違い …… 44

4.6　特定サービスに特化してきた中小企業の業態再編成 …… 47

第5章　中央政府が考える必要のあるモノのサービス化 ……… 49

5.1　経済活性化には投資が必要 ……………………………… 50

5.2　サービス産業の位置付けの変化 ………………………… 50

5.3　定義の異なるサービスの消費とコト消費 ……………… 51

5.4　定義があやふやなモノ消費とコト消費 ………………… 51

5.5　モノの購入とサービスの購入 …………………………… 53

5.6　モノ消費をサービス消費へと転換する政策立案 ……… 54

第6章　地方自治体が必要と考える施設のサービス調達 ……… 59

6.1　PFI事業促進に対して貢献が求められる地方自治体 …… 60

6.2　近年増加している地方自治体のPPP/PFI案件数 ……… 60

6.3　異なったPFI手法を導入した日英のPFI導入動機の違い …… 62

6.4　異なった導入動機を起因とした異なった導入方法とその結果 …… 64

6.5　地方自治体のサービス調達型PFIの導入のメリット …… 66

6.6　地方自治体がサービス調達型PFIを導入するに当たっての課題 …… 67

6.7　地方自治体がサービス調達型PFIを促進できる対象施設 ················· *68*

第7章　英国でサービス調達型PFIが生まれた背景 ················· *71*
7.1　日本の施設整備型PFIとサービス調達型PFIは異質なもの ·········· *72*
7.2　英国でPFI手法導入以前から育成されていたサービス調達の土壌 ···· *72*
7.3　機能のサービス転換を生み出した公共調達ガイドライン ············ *73*
7.4　機能のサービス転換がGDPを拡大 ························· *73*

第8章　サービス調達型PFI事業の定義 ················· *75*
8.1　英国のPFI事業の定義 ····························· *76*
8.2　APMGのPPP事業の定義 ·························· *77*
8.3　民間投資で整備された施設の機能を民間がサービスとして提供 ········ *78*

第9章　モノとサービスで異なる融資における担保 ················· *79*
9.1　モノを売るかサービスを売るかで変わる融資における担保 ·········· *80*
9.2　融資における物権と債権の担保 ······················· *80*
9.3　債権とみなし物権によって変動する民間へのリスク移転 ············ *81*

第10章　施設調達とサービス調達で異なるPFI事業類型 ················· *83*
10.1　施設調達の日本とサービス調達の英国で異なるPFI事業類型 ········· *84*
10.2　お金の負担者で分類した日本のPFI事業類型 ················ *84*
10.3　事業の独立採算性に基づいた英国の分類 ··················· *85*
10.4　サービス調達型のPFI ··························· *85*
10.5　独立採算型のPFI ····························· *86*
10.6　JV型PFI ································· *87*

第11章　サービス調達におけるステークホルダーの役割 ················· *89*
11.1　官・民・金融機関の役割分担 ······················· *90*
11.2　三者間で締結する三つの契約 ······················· *92*

11.3 発注者の役割 ··· 93

11.4 事業者の役割 ··· 94

11.5 銀行（金融機関）の役割 ································· 95

第12章　公共、事業会社、金融機関のパートナーシップ ············· 97

12.1 事業構成メンバーは具体的に何をするのか ············· 98

12.2 適切なリスク配分 ··· 100

12.3 リスクの概念 ··· 101

12.4 従来型調達と公共のリスク管理手法 ·················· 102

12.5 民間のリスク管理手法 ··· 103

12.6 PFI事業の三位一体とは何か ······························ 105

12.7 それぞれの構成メンバーの業務分担 ···················· 106

12.8 公共セクターの業務 ·· 106

12.9 事業会社の業務 ··· 108

12.10 金融機関の業務 ··· 110

第2部　サービス調達型PFIの実務（第13〜第16章）

第13章　要求水準書、モニタリング、支払メカニズムの連携 ········· 113

13.1 要求水準書、モニタリング、支払メカニズムの関係 ········· 114

13.2 要求水準書の役割 ·· 115

13.3 リスク移転メカニズムの一つである要求水準 ·········· 116

13.4 サービスの品質変動リスク移転のメカニズム ·········· 116

13.5 施設の特定エリアの不具合リスク移転のメカニズム ········· 117

第14章　サービスに関連する要求水準とモニタリングの解説 ········· 119

14.1 サービスに関連する要求水準のフレームワーク ········· 120

14.2 仕様書V2からV3への変更内容の比較 ················· 121

14.3 サービス要求水準書の構成 ································· 121

14.4 それぞれのサービス仕様書の構成要素 ·················· 121

14.5　一般サービス仕様書 ·· *123*

14.5.1　一般サービスのサービス概要 ·························· *123*

14.5.2　一般サービスの主要目的 ································ *123*

14.5.3　一般サービスのサービス範囲 ························· *124*

14.5.4　一般サービスの要求 ···································· *126*

14.5.5　仕様書V2から仕様書V3への内容の変更点 ········ *126*

14.5.6　一般サービスのモニタリング手法の変更点 ········ *127*

14.5.7　一般サービスの仕様書の変更の例 ··················· *128*

14.5.8　一般サービスの継続改善指標 ························· *130*

14.6　専門業者が請け負う特定サービスの要求水準書 ········ *131*

14.7　不動産サービスの要求水準書 ····························· *132*

14.7.1　不動産サービスのサービス概要 ······················ *132*

14.7.2　不動産サービスの主要目的 ····························· *132*

14.7.3　不動産サービスのサービス範囲 ······················ *133*

14.7.4　不動産サービスの特定要求 ····························· *134*

14.7.5　不動産サービスの継続改善指標 ······················ *135*

14.7.6　不動産サービスの添付資料 ····························· *136*

14.8　ヘルプデスクサービスの要求水準書 ····················· *139*

14.8.1　ヘルプデスクサービスのサービス概要 ··············· *139*

14.8.2　ヘルプデスクサービスの主要目的 ···················· *139*

14.8.3　ヘルプデスクサービスのサービス範囲 ··············· *140*

14.8.4　ヘルプデスクサービスの特定要求 ···················· *141*

14.8.5　ヘルプデスクサービスの継続改善指標 ··············· *142*

14.9　清掃サービスの要求水準書 ······························· *143*

14.9.1　清掃サービスのサービス概要 ························· *143*

14.9.2　清掃サービスの主要目的 ······························ *144*

14.9.3　清掃サービスのサービス範囲 ························· *145*

14.9.4　清掃サービスの特定要求 ······························ *146*

14.9.5　清掃サービスの継続改善指標 ························· *148*

第15章　サービス料金の支払メカニズムの解説 ⋯⋯⋯⋯⋯⋯⋯ *149*

15.1　サービス料金徴収に必要な支払メカニズム ⋯⋯⋯⋯⋯ *150*

15.2　サービス料金の支払メカニズム ⋯⋯⋯⋯⋯⋯⋯⋯⋯ *150*

15.3　NHSのPFI事業におけるサービス料金支払メカニズム ⋯⋯⋯⋯ *152*

15.3.1　月次サービス支払額の算定 ⋯⋯⋯⋯⋯⋯⋯⋯⋯ *152*

15.3.2　年間支払額の算定 ⋯⋯⋯⋯⋯⋯⋯⋯⋯⋯⋯⋯ *152*

15.3.3　月次従量料金（TVA）の算定 ⋯⋯⋯⋯⋯⋯⋯⋯ *154*

15.3.4　想定外コスト調整額の算定 ⋯⋯⋯⋯⋯⋯⋯⋯⋯ *154*

15.3.5　サービス料金の減額の仕組み ⋯⋯⋯⋯⋯⋯⋯⋯ *156*

15.3.5.1　減額することの権利 ⋯⋯⋯⋯⋯⋯⋯⋯⋯⋯ *156*

15.3.5.2　暫定減額適用期間（Bedding-in Periods） ⋯⋯ *157*

15.3.5.3　サービスパフォーマンスが低下した場合の減額 ⋯⋯ *158*

15.3.5.4　サービスパフォーマンス低下の許容範囲 ⋯⋯⋯ *158*

15.3.5.5　施設が利用できない事象が生じた場合の減額 ⋯⋯ *158*

15.3.5.6　修復許容時間内の修復 ⋯⋯⋯⋯⋯⋯⋯⋯⋯ *159*

15.3.5.7　再試運転 ⋯⋯⋯⋯⋯⋯⋯⋯⋯⋯⋯⋯⋯⋯ *160*

15.3.5.8　修復時間が設定されていないパフォーマンス低下 ⋯⋯ *160*

15.3.5.9　臨時修繕 ⋯⋯⋯⋯⋯⋯⋯⋯⋯⋯⋯⋯⋯⋯ *161*

15.3.5.10　繰り返しの修復 ⋯⋯⋯⋯⋯⋯⋯⋯⋯⋯⋯ *162*

15.3.5.11　その他の減額につながる利用不能の影響 ⋯⋯⋯ *162*

15.3.5.12　臨時の代替施設 ⋯⋯⋯⋯⋯⋯⋯⋯⋯⋯⋯ *163*

15.4　オーストラリアのPPP事業のサービス支払メカニズム ⋯⋯⋯⋯ *166*

15.4.1　支払額算定式 ⋯⋯⋯⋯⋯⋯⋯⋯⋯⋯⋯⋯⋯⋯ *166*

15.4.2　減額メカニズム ⋯⋯⋯⋯⋯⋯⋯⋯⋯⋯⋯⋯⋯ *167*

15.4.3　不具合減額 ⋯⋯⋯⋯⋯⋯⋯⋯⋯⋯⋯⋯⋯⋯⋯ *167*

第16章　PPP事業のプロセス ⋯⋯⋯⋯⋯⋯⋯⋯⋯⋯⋯⋯ *169*

16.1　PPP事業のプロセス ⋯⋯⋯⋯⋯⋯⋯⋯⋯⋯⋯⋯ *170*

16.2　PPP事業の事業特定およびPPP事業としてのスクリーニングのプロセス ⋯⋯ *171*

16.3　PPP事業のアプレイジング（価格を含めた査定）のプロセス ·············· *172*

16.4　PPP事業のストラクチャリングと契約書の草案策定のプロセス ··········· *173*

16.5　入札のプロセス ·· *175*

16.6　契約管理フェーズにおける施設整備のサブ・フェーズ ·················· *176*

16.7　契約管理フェーズにおける運営管理のサブ・フェーズ ·················· *177*

添付資料

仕様書事例 ·· *181*

サービスレベル仕様書（2004年2月版）

　目次 ·· *182*

サービスレベル仕様書（2006年10月版）

　全体構成 ··· *183*

　項目A：はじめに ··· *184*

　項目B：一般サービス仕様書 ··· *184*

　　　添付資料A　入社プログラム ····································· *199*

　項目C：特定サービス仕様書

　不動産サービス ··· *200*

　　1. 構成

　　2. 概要

　　3. 用語の定義

　　4. 主要目的

　　5. サービス範囲

　　6. 特定要求

　　7. 除外項目

　　8. 継続改善指標

　　添付資料A　サービス標準 ··· *212*

　　添付資料B　初期対応と修復許容時間 ······························· *218*

　　添付資料C　スペシャリストサービス（発注者が記入） ·················· *219*

　　添付資料D　機械と電気サービス（発注者が記入） ···················· *220*

添付資料E　順守する必要のある関係法令等 ················· *222*

ヘルプデスクサービス ··· *224*

1. 構成

2. 概要

3. 用語の定義

4. 主要目的

5. サービス範囲

6. 特定要求

7. 除外項目

8. 継続改善指標

清掃サービス ··· *231*

1. 構成

2. 概要

3. 用語の定義

4. 主要目的

5. サービス範囲

6. 特定要求

7. 除外項目

8. 継続改善指標

添付資料A　アクセスタイム ····························· *238*

添付資料B　就労と完了時間 ····························· *239*

添付資料C　臨床アイテム ······························· *240*

添付資料D　計画清掃活動 ······························· *241*

演習 ·· *242*

あとがき ··· *246*

サービスとは何か

第1章　サービスとは何か

1.1　無料のサービスと有料のサービス

　日本におけるサービスという用語は、かつては「奉仕」、「無料」、「値引き」、「おまけ」の意味で用いられることがあったが、一方で士業（司法、会計、建設、医療、福祉等）においては、サービス料金という有料なものを指す用語としても既に定着している。

1.2　第三次産業としてのサービスとサービスの細分化

　また、かつてサービス業は、第一次産業、第二次産業に含まれないその他のもの全てを第三次産業として分類していたが、統計においても、2002年の日本標準産業分類改訂により、見直しが行われ、宿泊業・飲食サービス業、医療・福祉、教育・学習支援業等の新たな統計上のサービスが追加され、13種類の大分類となっている。

　ただし、これらの統計上の分類は、実際のサービス契約額を算定するものではなく、サービス業として分類された事業所の経済活動を算出するものであることから、実際のサービス契約額がいくらかは分からない。曖昧な分類である。

1.3　サービスの統計とDX

　サービスは、DX化やAIの活用と相性が良く、サービス関連のデータの価値が上昇しており、特にオンラインサービスにおいては、サービス統計データがAI分析され、多くの課題を解くアルゴリズムが実装されており、このような仕組みなしではビジネスが成り立たないような状況となっている。

1.4　サービスの成長が世界の経済成長の原動力

　本書の第3章で後述するように、世界経済が成長している要因が、サービスの成長であることは明らかになっていることから、日本経済が30年間成長していないのは、サービスの成長が不十分であるからだと思われる。「モノの調達」を「サービス調達」に転換することによって、所得分配の原資を作り出すと同時に、世界の経済成長に追い付ける可能性がある。

1.5　サービスの位置付けが明確になっていない日本

　日本はモノづくりの意識が強すぎる。モノ消費から、モノとサービスを融合した「コト消費」に転換するというガラパゴス化した経済成長戦略を立てていることから、世界的に標準化され、共有されようとしているモノの調達をサービス調達に転換するノウハウが活用できていない。

1.6　かつての製造業とサービス業の関係

　かつては、世界中においても、製造業とサービス業の間には大きなギャップがあり、アダム・スミスのような古典派経済学者にとって、サービスは労働が行われた瞬間に消滅する労働の産物であり、痕跡や価値をほとんど残さないことから、非生産的な経済活動として分類され、その重要性が低かった。

1.7　サービスの四つの特性（IHIP特性）

　サービスは、1）無形性（intangibility）、2）非均一性（heterogeneity）3）生産と消費の不可分性（inseparability）、4）消滅性（perishability）の特性を持っている。

　このサービスが持つ四つの特性（IHIP特性）を、レンタカーサービスを例に取って説明しよう。

1）無形性

　無形性とは、形が無く物理的に存在しないことを意味する。例えば、レンタカーサービスは対象となるレンタカーというモノは存在するが、利用サービスそのものには形がなく、目に見えるものではない。

2）非均一性

　非均一性とは、同じサービスであっても、利用者が異なったり、提供者によってサービス内容がさまざまであることを意味する。レンタカーサービスの利用者は、利用したい目的が異なるため、クルマのタイプや期間もバラバラである。また、同じサービスを提供しても受け取り方が異なることもある。

3）不可分性

　不可分性とは、サービスの提供と消費が同時になされることを意味する。レンタカーというサービスを提供するためのモノであるクルマを持っていても、利用

者が利用してくれなければ、レンタカーサービスは成立しない。

4）消滅性

　消滅性とは、サービスは提供された段階で消費されなければ消滅してしまうことを意味する。レンタカーサービスを前もって作っておいて、保管しておくことはできない。

　レンタカーサービスは比較的、標準化された時期が早いサービスであるが、サービス産業全般においては、特に非均一性が原因となり、サービスを標準化することは困難であり続けてきた。レンタカーサービスはクルマのタイプ・利用時間・保険等を利用した標準化によって、非均一性を克服しているものの、利用者がいなければサービスが成立しないという消滅性は克服できていない。

　一方で、第4章で説明するKINTOサービスは、レンタカーよりも契約が長期になるものの、利用者にクルマを利用可能な状態で提供する限りにおいてサービス料金を徴収し続けることができる。KINTOサービスは契約内容によってある程度消滅性を克服している。そのため、レンタカー料金よりも安い価格で、収益を出せる仕組みだと言える。

　このように、サービスビジネスでは、IHIP特性をどのような仕組みを使って確実な収益を生み出す契約形態にできるかが重要であり、ここに事業収益拡大の源泉が隠されている。

1.8　プロジェクトファイナンスによるサービスパフォーマンスに対する支払い

　プロジェクトファイナンスが登場するまでは、大航海時代における船のように、プロジェクトにおける施設のようなモノを投資家が所有することが前提であり、モノの所有権を持つ投資家が、経営者を活用してそのモノの利用方法を決定し、パフォーマンスリスクを取っていた。この所有者が持っていたパフォーマンスリスクを、サービス提供者に移転した仕組みがプロジェクトファイナンスである。

　プロジェクトファイナンスとは、長期（10～30年）の耐用年数および償却期間を必要とする資源分野、電力分野、インフラ分野などの長期のプロジェクト向けのファイナンスであり、返済原資を当該プロジェクトのキャッシュフローに限定し、か

つ、融資の担保を当該プロジェクト資産に限定するファイナンス手法である。この手法は、プロジェクトへの出資義務を除けば、スポンサーへの融資返済の遡及を要請しないため、リミテッド・リコースファイナンス、または、ノン・リコースファイナンスとも呼ばれる。

　プロジェクトファイナンスの歴史は、1970年代の北海油田開発向けプロダクション・ペイメント（生産物支払い）から始まった。ちょうどフィリップ・コトラーが、マッカーシーの4Psに、サービスのIHIP特性を反映させた3Psの要素を加えて7Psとし、サービスを非生産的な経済活動から生産的な経済活動に転換させ始めたころである。そして、1980年代には主に開発途上国向けの資源開発全般で多く利用され、1990年代に入ると、開発途上国および米国での民間発電事業（IPP）と、英国のPrivate Finance Initiative（PFI）導入によって、電力・インフラ開発へとその対象が広がった。その後2000年代には、太陽光・風力等の再生可能エネルギー案件への応用が進み、契約の標準化に伴って、小型案件にもその導入が広がっている。

　このように、プロジェクトファイナンスは、生産物支払いからスタートしたが、支払いのルールは、IHIP特性に基づいた生産物の量（パフォーマンス）に応じた支払いであることから、サービス対価の支払いと捉えることができる。

　さらに言い換えると、プロジェクトファイナンスとは、サービス提供者が、資金調達を行って投資し、施設を所有・維持管理・運営し、プロジェクトに生じるさまざまな不具合のリスクを取り、事業収益が生まれる状態をサービスとして提供する仕組みであると言うこともできる。

1.9　サービスの進化とサービス調達施策として捉えるべきPFI手法

　以上、いろんな側面からサービスを見てきたが、大きな時間の流れの中で、サービスを捉えると次のようになる。

　かつてのサービスは、非生産的な経済活動として認識されていた。それは、モノとサービスをビジネス対象とした場合、形があり所有権を明確にできるモノと比較して、サービスには形が無いため、安定した商業基盤として捉えることが困難であったからである。

　コトラーは、モノを売るためのマーケティングミックスを、サービスが持つIHIP特

性を反映させる形で見直し、サービスの商品価値を向上させた。そのため、モノとサービスの両方から収益を生み出すことが、欧米の先進国で進められた。サービスはIHIP特性を持つため、標準化することが難しかったため、この時日本は、サービスにあまり焦点を当てず、モノづくりに焦点を当てて経済成長した。

　モノの性能が低いうちは、性能向上によって買い替えニーズを生み出せたため、モノづくりに焦点を当てた日本の経済成長は成功を収めた。しかしながら、性能向上が進むにつれて、それ以上の性能向上の必要がなくなってきた。モノは壊れにくくなり、一旦購入したら壊れるまで買い替える必要がなくなった。特に、冷蔵庫、テレビ、洗濯機にエアコンのような家電は市場において飽和状態になり、モノが売れなくなってきた。

　モノが売れなくなってきた中で、標準化が困難であったサービスは、ITの進歩によるDX化やAI技術の進展につれ、サービスをデータ化し、分析することによる標準化が進み、標準化されたサービスを伴う耐用性のあるモノを主軸にしたビジネスが台頭しつつある。モノとサービスの両方に焦点を当てていた欧米においては、モノを第三者に販売し、そのモノに投資した第三者がモノの機能を売るサービスビジネスを活性化させ、サービスの売り上げと利益率を伸ばしてきた。

　具体的なサービス提供の例として、日本では、やっとKINTOのようなクルマのサブスクリプションサービスが出てきたばかりであるが、欧米においては、移動サービスを幅広く捉えて、自家用車、レンタカー、カーシェアの利用に加え、バス、タクシー、電車の利用から、配車サービス、自転車シェア等の利用にまで広がり、それをスマホで予約し支払いまで済ませるMaaS（Mobility as a Service）へとサービスの枠組みが進化し、レンタルの小型電動自動車が普及したり、自転車専用道路等が整備される等、MaaSを促進するインフラ整備のスピードがより速くなっているようだ。

　また、施設についても、施設を自ら調達して施設のパフォーマンスリスクを施設の所有者が取り続ける仕組みから、施設を第三者の特定目的会社（SPC）に所有させて施設のパフォーマンスリスクをSPCに移転する「施設のサービス調達契約」が、官民間におけるPFIから始まり、民民間に普及した。この仕組みが普及する前はコーポレートPFIという名称が与えられて、民民間のPFIとして注目されたものの、既に英国ではPFI手法が施策から無くなり、コーポレートPFIという

言葉も使われなくなっており、民民間による施設のサービス調達契約は一般的な資産管理契約の一つとして確立されている。

このような民民間の施設サービス調達契約においては、建設会社はSPCに対して施設整備を行い、SPCは当該施設への投資を行い長期的なサービス売り上げで投資回収する事業であることから、施設整備費のSPCへの売り上げによる利益と、SPCによる投資を回収するサービス売り上げによる利益の両方が生み出されることで、経済成長の仕組みが構築できている。

このような流れとしてPFI手法をサービスとして捉え、公共施設をサービス調達することによって、経済を成長させ、所得分配の資源を倍増させる施策として捉えることが重要である。

次章では、サービス調達型PFIがサービスであることについて説明する。

第1部　第2章

近年注目されるサービス形態から
サービス調達型PFI事業を見直す

第2章　近年注目されるサービス形態からサービス調達型 PFI事業を見直す

2.1　本章の目的

　最近注目されているサービスの代表的なものとしてサブスクリプションサービスを挙げることができる。そして、それに類似したサービスに、「定額制／月額制」、「リカーリング」、「レンタル」、「シェアリングエコノミー」等が挙げられる。これらは、混同されてしまいがちであるが、その違いを理解することによって、サービスの本質を理解し、サービス調達型PFI手法と施設調達型PFIの違いを理解することを本章の目的としたい。

2.2　サブスクリプションサービス

　まず、名詞の「サブスクリプション（subscription）」は「定期購読、継続購入」、動詞の「サブスクライブ（subscribe）」は「定期購読する、定期購入する」という意味であり、もともとはアナログとしての新聞や雑誌の定期購読を意味する言葉であった。

　最近注目されているサブスクリプションサービス（以下「サブスクサービス」）は、新聞や雑誌のようなアナログバージョンではなくデジタルバージョンであって、その代表的なものとして動画配信サービスのNetflixやYouTube Premium、音楽配信サービスのSpotifyがある。これらは、配信登録制のストリーミングサービスであり、メンバーはインターネット接続されたデバイスを使ってコマーシャルなしでドラマ、映画、YouTube等を視聴できる。映画や音楽のサブスクサービスは、もともとDVDやCDというモノを調達する仕組みであったが、インターネットの登場により、ダウンロードしたものを見たり聞いたりするデジタルデータとしてのモノ購入の過程を経て、現在では無形のサービス調達モデルとなっている。

　1回だけしか利益を生み出せないモノの販売が、継続的に利益を生み出せるサービスの販売に変化してきたことを理解していただきたい。既存の施設調達型PFIも、契約内容を見直し、継続的に利益を生み出すサービス調達型PFIに転換できるのである。

2.3　定額制／月額制サービス

　サブスクリプションに分類されないものに、「定額制／月額制」のサービス利用や商品の受け取りがある。定額制／月額制とひとくくりにされるが、その購入対象がサービスであるか、商品であるかによって、サービスの購入に分類されたり、モノの購入に分類されたりする。例えば、学生や、頻繁に引っ越しが必要な人は、家具や家電等を定額制でレンタルするサービスが、定額制のサービス購入の代表的なものとなる。特徴としては、購入するより割安で安易に解約できることがある。ただし、契約後の商品がモデルチェンジしたり、機能が追加されたりしても、そのようなアップデートがサービス内容に自動的に反映されることはない。

　PFI事業は、施設だけでなく機材機器を含めた調達である。家電3点セットをサービスの対象とするように、施設と機材機器もサービスの対象にすることが可能なのである。

2.4　リカーリングサービス（リカーリングビジネス）

　サブスクリプションとの分類が明確ではないものの、サブスクリプションが登場する前からビジネスモデルとして構築されたものとして、「リカーリング（Recurring）」（英語で「繰り返される」「循環する」という意味がある）ビジネスによる商品やサービスの販売を挙げることができる。

　このサービスは、商品と消耗品の組み合わせであり、その最も古いモデルとして「ジレットの髭剃り」がある。また、日本のプリンターメーカーであるエプソンやキャノン等のプリンター本体とトナーやインクなどの消耗品との組み合わせ販売を例として挙げることができる。また、もう一つのモデルとして、商品と関連サービスの組み合わせがあり、スマホと通話通信サービスのセット、ゲーム機本体とゲームソフトが挙げられる。さらには、電気・ガス・水道の基本料金部分と使用料に応じた従量課金部分に分類されたサービス等もリカーリングビジネスとして取り上げられることがある。

　PFI事業においても、例えば電気・ガス・水道の支払いを基本料金と使用料に分類し、基本料金は、一体的な支払いであるユニタリーチャージの中に含め、従量料金部分は月次ベースで清算する考え方を導入することができる。

2.5 レンタルサービス

　前述の定額制／月額制との区別が明確でないものも含まれるが、「使用期間および使用回数に対して、購入費用が高すぎる」製品分野に使われることが多いのがレンタルサービスである。そして、その代表例として、レンタカー、レンタサイクル、貸衣装、家具・家電のレンタルサービス等がある。企業向けレンタルの、特に契約企業に新品を所定期間貸し出す業態は、リースとして分類され、サービスではなく商品の販売と見なすことができる。

　例えば、病院PFI案件においては、テレビ・インターネット等の利用は、病院との契約ではなく、入院患者との連絡であるとして切り分け、患者へのレンタルサービスとして提供することが可能である。また、WiFi接続のサービスインフラ部分は、PFI事業の一体的支払いの中に含めて、利用はレンタルとしてPFI事業と切り離すこともできる。

2.6 シェアリングエコノミー

　ソーシャル・ネットワークの普及によって、クルマや自転車、住宅等のモノに加え，個人が持つ隙間時間、スキル等の技術やサービスを交換・共有される多様な共有型ビジネスが登場し急速に普及し始めている。このようなモノ、お金、サービス等の交換・共有により成り立つ経済の仕組みを「シェアリングエコノミー（共有経済）」（Botsman and Rogers 2010）と呼ぶ。

　シェアリングエコノミーのビジネス形態には、カーシェアリングやシェアハウスなどの「Business-to-Consumer（B2C）」から、メルカリやヤフオクのような個人オークション「Consumer-to-Consumer（C2C）」も含まれるが、隙間時間や個人のスキル・創造性等を個人間シェアするネットビジネスの「Peer-to-Peer（P2P）」の形態にも注目が集まりつつある。

　英国政府は、休暇中の自宅を交換するホーム・エクスチェンジ・サービスであるLOVE HOME SWAPの元CEOであるデビー・ボスコフに、2014年9月にシェアリングエコノミーについてのレポートを作成するよう依頼し、いかにして英国がこのセクターにおける世界のコアになれるかについての提案書を提出させた。そして、国として戦略的にシェアリングエコノミーの促進を行っている。

　PFI手法は、シェアリングエコノミーとなじまないことから、これ以上深く触れないが、このプロセスは、英国政府が、PFIを国家的に進めていこうとした際に、実業家であったマルコム・ベーツ卿に依頼してPFIについてのレポート作成を依頼したケースに類似している。

　英国政府は、このように新しいビジネスモデルを国家として戦略的に構築し、英国がそのセクターにおける世界のコアになるためには、どのような考え方で促進すべきか、そしてどのようなプロセスが必要であるかを、その分野の第一人者をヘッドとしたチームに提言させ、提言通りに実行することでその目的を達成するプロセスを確立している。

2.7　非経済性を克服する仕組みが組み込まれているサービス調達型PFI

　PFIやPPP事業は、民間投資によって施設が整備され、施設を利用する公共が、利用サービス料金を支払う仕組みである。第4章で説明するKINTOのサブスクリプションサービスの対象がクルマではなく、公共施設に代わったものであると考えると分かりやすい。

　日本版のPFI手法の中の一つである「サービス購入型PFI」は、第10章で説明するようにお金を支払うのが誰であるかによって事業類型が決まっており、第5章で説明するように、サービス対価という名称は使っているが、建設工事費相当分を支払っていることから、IHIP特性を持ったサービス購入ではないことが分かる。そのため、本書では日本版の「サービス購入型PFI」を「施設調達型PFI」と呼ぶ。日本の施設調達型PFIは、これまでの施設調達と、維持管理・運営のサービスを組み合わせただけであるため、モノの調達は割賦払いであり、維持管理運営・部分のサービス提供もこれまで通りの支払いであって、契約内容そのものはシンプルである。

　ところが、サービス調達型PFI事業として、施設とサービスを包括的にサービスとして調達するには、「PFI特有の仕組み」が必要となる。なぜなら施設というモノにIHIP特性を与えなければならないからだ。PFI特有の仕組みとは、「第8章サービス調達型PFI事業の定義」で示されているAPMGの定義を用いると、1）長期的な契約であること、2）公共資産の開発と管理が対象となること、3）事業者が事業期間にわたって大きな事業リスクと管理を担うこと、4）事業者リスクで資

金調達の大部分を提供すること、5）報酬がサービスのパフォーマンスや利用に基づいたものになっていること、6）サービスの結果に応じて官民の利害が調整されることである。このような仕組みを使って施設というモノにIHIP特性を持たせることでサービスを成立させるのである。これらの仕組みは、これまでの公共調達において活用されてこなかった仕組みであり、このような複雑な仕組みが組み込まれていることから、PFI手法は公共調達のパラダイムシフトと言われ、イノベーティブな仕組みだと言われたのである。

　現状の日本の施設調達型PFI事業は、公共セクターの発注者にとっては楽な調達方法であり、事業者にとって事業のパフォーマンスリスクを取る必要がない施設整備方法であり、金融機関にとっても債権の不良債権化リスクを取る必要がない融資方法である。新たな付加価値を生み出す仕組みではないので、経済を活性化できないし、所得分配の原資も増えないのである。

　一方、サービス調達型PFIの仕組み作りは確かに面倒な作業であることは否めない。しかしながら、経済を活性化させ、所得分配の原資を作るために、それが不可欠な仕組みであるのならば、施設調達型PFIをサービス調達型PFIに転換する施策を導入することが、政治家であり公務員に求められているはずである。そして事業者には取れるリスクを積極的に取って収益を上げることが求められており、金融機関にも海外融資への展開を踏まえてプロジェクトファイナンスに果敢に取り組むことが求められているはずだ。既存の仕組みを変えることに抵抗しているようでは、新しい価値を創造することはできない。

　次章からは、PFI事業に関わるステークホルダーとなりうる主体毎にモノをサービスとして捉える方法が異なっていることについて説明する。

第3章

製造業が考えるモノのサービス化

第3章　製造業が考えるモノのサービス化

　ここでは、まず、製造業が、自らの製品の販売だけにとどまらず、サービス販売事業を構築するに当たり、役に立ったと考えられる「事業内容を見える化」するバランススコアカード（以下「BSC」）とそれに活用する主要業績指標（以下「KPIs」）がサービスの標準化に役立ったことを示す。そして、製造業による製品の機能をサービスに転換することと、製造業がサービス業に転換することの違いを説明した上で、海外では既に一般的になっている民民間の施設関連サービス調達が日本で普及しない理由について考察する。

3.1　バランススコアカードとKPIs

　製造業にKPIsの利用が重視されだしたのは、ロバート・キャプランとデビッド・ノートンがBSCを提唱して以降である。事業活動に関連したさまざまな結果には因果関係があり、結果Aを改善するための改善要素と考えられる指標Bを改善しても、結果Aに全く改善の兆しが見えなかったり、かえって結果Aに悪影響が生じてしまったりすることもある。そのため、事業計画を立案するに当たり、事前に要素となる指標と結果となる指標の因果関係を仮説する戦略マップを作成し、KPIsをコントロールするために必要なアクティビティを計画し、実行していくことが提唱された。

図表3-1　バランススコアカードとKPIsとの関連性のイメージ

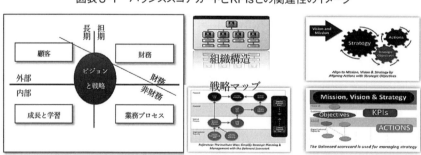

　まず、財務、顧客、業務プロセス、学習と成長、の四つの視点から指標を洗い出し、財務指標と非財務指標のバランス、長期指標と短期指標のバランス、

内部指標と外部指標のバランス等、一つの視点から見た指標が、別の視点から見た指標とバランスを取れる形で認識されているかどうかを確認する。そして、組織構造の中におけるそれぞれの職員の業務所掌がどのようになっているのかを考慮しながら、指標間の因果関係を戦略マップの活用により仮説する。そして、実際の運営結果が想定したバランス通りになっているのかを検証しながら、指標や戦略の見直し等の具体的なアクションによりシステムを改善するというものである。

3.2　バランスの取れたKPIs

　例えば、業務プロセスを改善し、顧客ニーズに合った製品を開発し、職員の研修に力を入れすぎると（これらは全て非財務指標であることから）、財務指標にマイナスの影響が生じる。財務改善や業務プロセス改善は比較的短期に実施可能であるが、顧客の満足度の向上や職員の学習と成長については、長期的な視点で結果を見ていく必要がある。また、職員研修や業務プロセスは内部のコントロール可能な要素であるが、顧客の満足度向上やその結果として表れてくる財務状況の改善は外部的な要素の影響が大きい。このような、比較的コントロールしやすい要素と、ある指標をコントロールした結果として変動するコントロールが難しい要素の関係を理解する必要がある。そして、その理解のもとで、それぞれの指標を改善するためのアクションを取ることが重要となる。このように、KPIs同士の関係を仮説設定し、要因となるKPIsを変動させるための因果関係特定ツール「戦略マップ」を活用してバランスの取れたKPIsとして改善し続ける。

3.3　KPIsを活用したサービスの標準化

　BSCの提唱が行われたのは、商用インターネットサービスが開始された1992年であり、それ以降のITの進化のタイミングとうまくかみ合った。このように、これらの指標は、製造業で使用されているアプローチからスタートしたものの、サービス業のデータ収集と分析につながっていき、GAFAM〈Alphabet（旧Google）、Apple、Meta（旧Facebook）、Amazon、Microsoft〉の全てが、サービスからハードウェアに、もしくはIT関連のモノづくりをベースにしながら、ITの利用に関連するサービス業へと事業範囲を広げ、製品の販売と、サービスの販売を相乗的に増やしていこうとしている。モノからサービスへの流れが、サービスをベースにし

て、モノづくりを活性化させることにつながっているように見受けられる。

　それまでは、「ペティ、クラークの法則」通りに、産業の発展は、第一次産業である農業、林業、水産業から、第二次産業である製造業、加工業へ、そして第三次産業である情報通信業、金融業、小売業などのサービス業へとシフトしていくものであると考えられてきた。しかしながら、2021年9月に世界銀行が公表した報告書「途上国におけるサービス産業の貢献：サービス主導型開発の可能性（At your Service? The Promise of Services-Led Development）」において、低所得国および中所得国の労働者の半数が現在サービス部門で雇用されていることが示され、そして、1990年代以降はサービスの生産性が向上し、所得増加を可能にしたことが検証されている。既に、産業発展のプロセスそのものが変わっており、サービスを向上させた背景にBSCの活用がある。

　このようなBSCの登場によって、製造業における、生産プロセス（人や機械によって有形の製品に変換される有形の原材料）の明確化だけでなく、サービス業における生産プロセスの定義やサービスのインプットとアウトプットが定量化できるようになってきた。しかしながら、生産プロセスは明確であるが、サービスのインプットとアウトプットをDX化できていない状況がいまだに続いている日本では、モノとコトという概念を使ったり、施設整備費の支払いをサービス料金と規定したりするようなガラパゴス化した考え方（5章で後述）が正当化され、モノの機能をサービスに転換することにはまだ焦点が当たってないようだ。

3.4　モノの販売からサービスの機能の販売への転換

　モノの販売を、サービスに切り替えるためには、これまでの製造業者と購入者の2者間の関係を、製造業者、投資家、および投資家の提供サービスの購入者という3者間の関係に転換する必要がある。特に、これまでの取引に加わっていなかった投資家という第三者が重要となる。そしてこの第三者がモノを購入し、そのモノの持つ機能をサービスとして売ることで、この第三者がモノの購入に支出した投資額をサービス料金で回収する。この仕組みを機能させるために、第三者としてのSPC（特別目的会社）を設立し、サービス料金で投資回収できる事業構築を行い、この時に事業権という「債権」を担保にして金融機関から資金調達する。サービスの販売であるため、サービスのIHIP特性である、1）無形性

（intangibility）、2）非均一性（heterogeneity）、3）生産と消費の不可分性（inseparability）、4）消滅性（perishability）が業務特性に内在しており、不適切なサービスを提供すると、料金徴収ができなくなってしまう。このように事業権の担保は価値変動する債権であることが前提である。これをみなし物権のような価値が変動しない「物権」で担保することは適切ではない。みなし物権については「第9章　モノとサービスで異なる融資における担保」にて説明する。

3.5　製造業がサービス業に転換すると売り上げ倍増は期待できない

　製造業は、これまで製品を売るだけで商売が終わってしまい、売った後のアフターサービスが収益源になってこなかった。そして、売った製品が耐用年数を迎え、更新時期になると、再度販売競争に巻き込まれ、薄利の競争をしなければならなくなってしまっていた。

　このような、競争を避けるために、製品を売るのではなく、製品の持つ機能を売ることで、継続的な収益を生み出すサービスを販売する仕組みに転換しようという考え方を持った企業もいる。例えば、水を使う製紙会社に対してこれまで浄水施設を販売していた製造業者が、製紙会社の敷地内に浄水設備を自ら投資して整備し、売水ビジネスを行うケースである。

　しかしながら、製造業が、自らの投資でサービス業に転換してしまうと、製品の売り上げによる利益よりも高いサービスの売り上げによる利益が得られるかもしれないが、売り上げの置換となってしまう。

　製造業がサービス業に転換することは、施設の代わりに水を売ることであり、浄水施設を第三者（SPC）に販売し、そのSPCが製紙会社に造水販売をすることによって、製造業としての浄水施設売り上げと、SPCによる施設整備投資を回収するサービス売り上げを並行して立てるケースと比較すると、トップライン（売上額）を倍にできるかどうかが異なる。

3.6　民民間のサービス調達パートナーシップ

　モノの機能をサービスに転換して調達するという考え方は、PFIのように必ずしも官民の間にしか成り立たないものではなく、民民間であっても成り立つ。

　これまで製品を売るだけで商売が終わっていた製造業が、第三者を活用して

サービスとして製品の機能を販売することが20年前ぐらいから海外では一般的になっている。これは、PFIの考え方を民民に取り入れたものである。かつては、コーポレートPFIという名称が、PFIのサービス調達の仕組みを民民間に取り入れる際に使われていたが、現在では、この名称はWEB上には見当たらない。一般的なプロジェクトファイナンスの一つとして取り扱われているようである。

　事例としては、スーパーマーケットが所有していた倉庫が老朽化した場合、スーパーが自ら当該倉庫を建て替えるのではなく、事業者とDBFO（設計・施工・資金調達・運営維持管理）の長期的な契約を締結し、当該事業者が施設整備投資を行いサービス料金で投資を回収するケースが挙げられる。事業者は土地の購入が不要となり、減価償却可能なものにだけ投資することができる。一般的な賃貸倉庫よりもサービス調達コストが安くなることが契約者双方のメリットとなる。

　このような民民間の契約は、サービス調達型PFIの仕組みを確立した英国では、プロジェクトファイナンスの一般的な仕組みであるが、施設調達型PFIを導入してしまった日本においては、そのような業務を受託できる事業者が育成されていないため、この方法を促進する市場が存在しない。

　トヨタグループの株式会社KINTO（以下KINTO）は、既にモノ調達をサービス調達に転換する仕組みを構築しているが、市場全般を見ると、モノ調達をサービス調達に転換できる事業分野であっても、実際に国内でモノ調達をサービス調達に転換できている事例は多くない。

　英国では、PFI手法によりモノ調達をサービス調達に転換するために、さまざまな調達ガイドラインが作成され、これが民民間のサービス調達への転換にも活用された。モノ調達をサービス調達に転換できていない日本であるからこそ、後発者の優位性を生かし、英国のガイドラインを参照して共通したサービス調達転換ガイドラインを構築することによって、公共によるサービス調達型PFIを促進し、効率的にモノ調達をサービス調達に転換することができるはずだ。この時、官僚がガイドラインを作成するのではなく、民民間でのモノ調達のサービス調達転換にも活用できるように、民間の専門家もガイドライン作成メンバーに組み込んで、官民間のサービス調達型PFIのガイドラインを作成することが必要だと考える。

第4章

利用者が考えるモノのサービス化

第4章　利用者が考えるモノのサービス化

4.1　これまでのクルマのローンとファイナンスリース

ここでは、モノのサービス化を利用者の立場から説明するために、クルマの購入を例にとって説明しよう。

これまで、クルマを購入するには、キャッシュで購入することももちろんできたが、手持ちのキャッシュが無くても、ローンを活用してクルマを購入することもできたし、カーリースを活用すれば、クルマを実質的に所有することができた。

4.2　マイカーローンによるクルマの所有

まず、金融機関からお金を借りて、クルマを購入する方法を取り上げてみよう。例えば、200万円のクルマを6年返済のカーローンで購入すると、金融機関から借りた200万円のキャッシュで新車を購入し、金融機関に対して200万円を6年間で返済することになる。なお、新車を購入するに当たって支払う必要がある環境性能割、新車登録時の諸費用、自動車税種別割、自動車重量税、自賠責保険料等の手数料や金利については、ケースをシンプルにするために利用者がキャッシュで支払い、ローンの対象から外すものとする。

この時、利用者がクルマの登録を行うことから、クルマの名義は利用者のものとなる。ただし、金融機関からの借入金の返済義務が生じることから、月々の返済をしなければならなくなる。

個人のバランスシートにおいては、金融機関に対する200万円の借入金が債務計上され、200万円のクルマは固定資産として資産計上される。クルマの所有権はもちろん所有者となる。

一般的な普通自動車の耐用年数は6年なので、個人のバランスシートにおけるクルマの減価償却も6年間で行うとすると、1年後のクルマの資産価値は、166.7万円となり、金融機関に対する借入金残高も166.7万円となる。5年後のクルマの資産価値は、33.3万円となり、金融機関に対する借入金残高も33.3万円となる。

これは、個人によるクルマへの投資と見なすことができる。

4.3　カーリース（ファイナンスリース）によるクルマの実質的な所有

　次にカーリース（所有権移転ファイナンスリース）の場合であるが、同じく200万円のクルマを6年間のリース契約で利用するとしよう。実際にファイナンスリースを組むためには、契約締結時に、車両本体価格、環境性能割、新車登録時の諸費用、自動車税種別割、自動車重量税、自賠責保険料を確定し、リース会社が一旦支払う必要がある。ケースをシンプルにするために、車両本体価格以外は個人が支払うことにして、リース料金の算定に含めないものとする。リース料金の支払期間中においては、利用者は、リース料金の支払いと別に、リース契約後に発生する車検・点検・整備費、一般整備・一般消耗部品交換、バッテリー交換・オイル交換、タイヤ交換、任意保険等の支払いを行う必要がある。

　この時、リース会社がクルマを購入し、登録を行うことから、クルマの名義はリース会社のものとなる。利用者は、リース契約の締結と同時に、リース料金支払総額が確定し、月々のリース料金の支払いを行う。

　ここで、気を付けないといけないのは、個人のバランスシートにおいてリース会社に対して確定した200万円のリース債務（短期・長期未払金）と、当該債務に対するリース資産200万円の計上が必要になる点である。一見、名義がリース会社であるので、利用者が資産計上する必要はないと思われがちだが、リース債務の確定に合わせ当該リース資産は利用者が計上しなければならない。リース会社は、新リース会計基準に基づき、1）リース取引の開始日に売上高と売上原価を同時に計上する方法、2）リース料を受け取ったタイミングで売上高と対応売上原価を同時に計上する方法、3）売上高は計上せず利益相当額のみ各期へ配分する方法、を選択することができるが、自社名義であってもリース車両を固定資産として計上することはできない。一般的な普通自動車の耐用年数は6年なので、クルマの減価償却も6年間で行うとすると、個人のバランスシートにおける1年後のクルマに関するリース資産が166.7万円となり、リース会社に対するリース債務も166.7万円となる。5年後のクルマのリース資産は、33.3万円となり、リース会社に対するリース債務も33.3万円となる。

　利用者はリース契約を締結することによってリース会社に対してリース債務が確定し、リース資産を計上することから、名目上の所有権はリース会社にあるものの、実質的な所有権は利用者にあると考えることができる。

4.4 KINTOのサブスクリプションサービス

　クルマの購入をサービス調達に転換している事例で、利用者の観点から見て分かりやすいものが、KINTOに代表される車両のオペレーティングリースまたは、クルマのサブスクリプションサービス（以下「サブスクサービス」）と呼ばれる方法である。

　KINTOは、サブスクサービスの契約締結時に確定する車両本体価格、環境性能割、新車登録時の諸費用、自動車税種別割、自動車重量税、自賠責保険料だけでなく、契約後に発生する車検・点検・整備費、一般整備・一般消耗部品交換、バッテリー交換・オイル交換、タイヤ交換、任意保険等の全ての費用を含めたサービス支払額を決定する。利用者が追加で支払う必要があるのは、ガソリン代と駐車場代ぐらいとなる。

　この時、KINTOがクルマを購入し、登録を行うことから、クルマの名義はKINTOのものとなる。利用者は、KINTOのサブスクサービス契約を締結すると、月々支払うサブスクサービス料金が確定し、月々サブスクサービス料金を支払う。

　ここで、重要な点は、個人のバランスシートには、何も影響が生じないことである。逆に、KINTOは、サブスクサービス契約の対象となるクルマの所有権を持っている。貸出車両に故障が多く、同じクルマを貸し続けるよりも、別のクルマに変更した方が、コスト節約できると判断した場合には、利用者の了承のもとKINTOの判断で当該車両を交換することもできる。サブスクサービスの対象となるクルマを固定資産として資産計上するのはKINTOである。

4.5 購入、ファイナンスリースおよびサブスクサービスの経済効果の違い

　まず、クルマを個人がマイカーローン契約によって借り入れて購入した場合について見てみよう。マイカーローン契約におけるサービス手数料売り上げは金融機関に計上され、クルマの販売契約により、製造メーカーは購入者への車両売り上げを計上する。車両の売り上げが例えば200万円で、金融機関の売り上げ（ローン手数料）が5万円だとすると、クルマの売り上げ200万円から原価および経費等を差し引いた利益が、製造メーカーの従業員の所得分配原資となり、金融機関も手数料5万円から経費を差し引いた利益が当該従業員の所得分配原資となる。

図表4-1　ファイナンスリースとサブスクサービスの売り上げの違い

	ファイナンスリース（割賦払い）	サービス購入（KINTOの例）
車両代金	【自動車メーカーの車両売り上げ】 リース会社が車両を購入（売り上げ）	【自動車メーカーの車両売り上げ】 KINTOが車両購入（売り上げ）
車両代金	リース料金と相殺	【KINTOのサブスクサービス売り上げ】 利用者はサブスクリプションサービス費用として定額支払い。車両の所有権はKINTOにあり、税金・諸費用、任意保険、タイヤ交換やオイル交換などを含めたメンテナンス費用、車検費用をKINTOが支払う。タイヤ・オイル交換や修繕は何度生じてもサービス料金は不変。**車両代金のみならず、各種サービス料金を含んだものがKINTOの売り上げとなり利益の源泉となる。**
税金・諸費用	別途利用者負担	
任意保険	別途利用者負担	
メンテナンス	別途利用者負担	
車検	別途利用者負担	
分割払手数料	【リース会社の利益の源泉】 リース料金の一部	

　次に、ファイナンスリースを見てみよう。

　ファイナンスリースでは、自動車メーカーの販売店におけるリース会社への売り上げが立つ。利用者はリース会社に対して、車両代金の割賦支払いと分割手数料の支払いを毎月行う。リース会社は、会計処理の仕方で売り上げの計上の仕方が異なるが、利用者が支払うリース料金の一部で、車両を購入した費用の一部を相殺することから、リース会社の収益は、分割払手数料が金融機関と同様に5万円だとすると、手数料5万円から経費を差し引いた利益が当該従業員の所得分配原資となる。

　車両を利用者が購入する場合と同様に、メーカーの売り上げが200万円であったとすると、リース会社の収益は分割手数料に起因したものであり、その金額は金融機関のローン手数料の金額である5万円と大きく異なるものではない。クルマの売り上げから原価および経費等を差し引いた利益が、メーカーの従業員の所得分配原資となり、リース会社も手数料から借入金利や経費を差し引いた利益が当該従業員の所得原資となる。

　従って、クルマの購入の代わりにリース契約を活用したとしても、金融機関の手数料もリース会社の手数料も経済規模では大きな違いはない。

　一方、KINTOのサブスクサービスでは、自動車メーカーからKINTOへの売り

上げが立つことに加えて、KINTOから、利用者に対して車両代金を含めたサービス料金の売り上げが立つことになる。このサービス料金の中には、KINTOによる車両代金の投資を回収するために必要な車両利用料金に加えて、利用状態に応じて変動するパンク修理やタイヤの交換費用、オイル交換費用等のメンテナンス費用および部品交換費用を含む車検費用等は、KINTOに支払義務がある。これらのKINTOの支出額には、サービス契約時には想定困難な利用者の車両の使い方に応じて変化するコストも含まれる。つまりコスト変動リスクをKINTOが取る代わりにKINTOはサブスクサービスの料金によって、車両投資分と変動する可能性のある維持管理運営費用を回収できる金額を決定するのである。車両代金の割賦を行っているわけではない。

　KINTOの収益の源泉は、関係会社間取引でかつ大量取引することでトヨタ製の車両仕入れ価格を下げ、大口顧客として保険料やタイヤ・オイル等の消耗品コストを下げ、トヨタ車のメンテナンスに精通した自社の技術者が持つ質の高いメンテナンスサービスによって不具合が顕在化する前に対応する予防保全ノウハウである。そして、これまで顧客が取っていたリスクをKINTOが取る代わりに、利用者が満足できるリスク回避サービス料金を設定し、前述したノウハウに基づいて適切なサービスを提供するシステムである。このような想定リスクとその回避策とのバランスを取る仕組みによって、顧客が満足するサービスをKINTOサービスとして提供していることになる。

　KINTOは投資家であり、サービス販売業者であり、クルマへの投資を回収するためのサービス料金を売り上げ計上する。レンタカー会社のサービス料金と同様にサービス売り上げとなる。

　利用者にとってみれば、クルマの利用にかかる費用を、クルマのサブスクサービスとして支払っているだけであり、費用負担の面においてはクルマを購入するケースとリース契約でクルマを利用するケースと比較しても大きな変動はないが、トヨタは製造業としてクルマを売ることによってこれまでの利益を維持できているし、KINTOは、クルマへの投資を回収できる新たなサービス売り上げを立てていることから、クルマを製造して販売した製造業の利益に加え、クルマへの投資を回収した上でサービス業による利益を新たに生み出している。従って、これまで製造業とリース販売サービス業だけでは1台分のクルマ売り上げによる利益しか所得分配

の源泉に含まれなかったが、KINTOでは、製造業とサブスクサービス業で二つ
のクルマ関連の売り上げによる利益が計上（厳密には、サービス料金はクルマの
売り上げではない）できるようになる。サブスクサービスは、利用されてから売り上
げとなることから、サブスクサービス契約の締結後すぐに売り上げの規模が倍にな
るわけではないが、長い目で見ると経済規模を実質的に倍にすることができるよう
になるのだ。

　このようなサービスへの投資により、経済規模を膨らますことが、日本を除いた世
界がサービスの活性化によって経済成長を続けている要因である。

4.6　特定サービスに特化してきた中小企業の業態再編成

　トヨタのKINTOに限らず、各種自動車メーカーがサブスクサービスを提供してい
くことになると、これまでマイカーローンやリースでクルマを利用していた利用者から
業務を受託していた中小企業の自動車整備業者の業務がなくなってしまうのではな
いかという懸念があるかもしれない。

　しかしながら、マーケットのパイが急に変動するわけではない。また、これまでも
ディーラーでサービスを受けていた利用者にとってみれば、もともと中小企業の自動
車整備業者は使っていなかった。さらには、サービス料金を払い続けなければなら
ないサブスクサービスよりも、キャッシュやローンで購入後、廃車になるまで乗り続け
ることを選択する利用者もそれなりに残るものと考えられる。このような実態の変動
を考慮すると、クルマのサブスクサービスで雇用が増える分は、これまで中小自動
車整備会社で働いていた従業員がサブスクサービスに転職するなり、特定の技能
を持った中小企業とサブスクサービスがアライアンスを組む方法で業態の再編成が
可能であり、それ程大きな労働環境の変化がもたらされるわけではないと想定でき
る。

　また、このような業態再編成によって業務効率が上がれば、従業員の所得を向
上させつつ、サービス料金が下がる可能性があり、利用者にとっても、中小企業
で働くエンジニアにとってもプラスになるはずだ。

中央政府が考える必要のあるモノのサービス化

5.1　経済活性化には投資が必要

　岸田政権が唱える資産所得倍増プランとPPP/PFIの推進策は一見連動していないように見えるが、どちらも経済活性化には、投資が必要である点は共通している。そのインベストメント・チェーンの触媒としてサービス調達型PFIの促進が役立つことについて述べてみよう。

5.2　サービス産業の位置付けの変化

　日本は、モノづくりの国といわれて久しいが、日本以外の国々においては、今サービスに焦点が当たっている。

　過去30年間において経済が成長した背景には、サービス業の成長があるとして、世界銀行が、報告書「途上国におけるサービス産業の貢献：サービス主導型開発の可能性（At your Service? The Promise of Services-Led Development）」を2021年9月に公表した。この報告書は途上国におけるサービス主導型開発の可能性について検証したものである。

　これまで、経済成長には製造業主導の開発が不可欠であると言われてきた。実際、日本の経済成長は、まさに製造業主導のモノづくりによって築かれたものであった。

　同報告書では、製造業主導の開発は、比較的熟練していない人々に「採算性の向上」と「大規模な雇用創出」という2大メリットを与えたという。

　そして、この2大メリットが生まれた背景には、比較的熟練していない労働力を資本で活用することによって、規模の経済、大規模な国際市場へのアクセス、イノベーション、セクター間連携を活用できたことがあったという。

　一方で、サービスも労働集約的ではあるものの、サービスのIHIP特性ゆえに、生産と消費が同時に成り立つ必要があることから、大規模市場へのアクセスが困難となる。そのため、規模の経済とイノベーションに対するインセンティブが制限されてしまい、労働生産性向上のための資本活用が困難だと考えられてきた。

　しかしながら、同報告書によると、途上国の過去のデータを分析してみたところ、労働生産性の向上のための資本活用によって、サービス部門の雇用機会が創出

され、これらが時間の経過とともに生産性を向上させてきたことが分かったという。かつては生産性の向上と雇用には、製造業の発展が不可欠だと考えられていたが、製造業の発展を伴わなくてもサービス業が発展できることが分かってきた。デジタルテクノロジーの加速は、サービス業においても、規模の経済、イノベーション、およびセクター間連携を拡大するための新しい機会をもたらしているからである。特に製造業が、新たなサブスクリプションサービスを提供することによる「サービス化」は、波及効果の範囲を広げることになる。

　さらに、今日の製造業主導の成長の展望は、数十年前とは異なっている。そもそも、中国の生産規模と高所得国での産業自動化の拡大は、競争力を決定する上での低人件費の重要性の減少につながっており、低所得国の工業化への道を狭めている可能性がある。

　かつての拠り所であった低所得国の工業化が制限されてしまっているため、低所得国の政策立案者の持ちうる選択肢の中に、積極的な工業化の割合は減っている。むしろ、サービスが生産性の向上と雇用に貢献する可能性が高まっていることを認識し、それをどのように活用すればよいかに基づいて行動することに既に焦点が当たっている。

　このように、先進国においても低所得国においても、サービスが生産性の向上と雇用に貢献することが分かってきているにもかかわらず、日本の政策立案者はサービスによる経済の活性化に対して本気で取り組んでいないように感じられる。

5.3　定義の異なるサービスの消費とコト消費

　日本では「かつては、モノの消費に焦点が当たっていたが、時代はモノの消費からコトの消費へ変わっている」といわれる。どうして「モノの機能がサービスに転換している」と捉えずに、「コトの消費」というガラパゴス化した構造変化が起きていると言えるのだろうか。

5.4　定義があやふやなモノ消費とコト消費

　経済産業省の公表している「コト消費空間づくり研究会取りまとめ」では、モノ消費とコト消費について以下のように説明されている。

【モノ消費】

　個別の製品やサービスの持つ機能的価値を消費すること。商品価値の客観化（定量化）は原則可能。

　在庫や輸出により時間的・空間的に広範に提供できるため、生産機器や施設などへの投資が生産性を高める。

【コト消費】

　製品を購入して使用したり、単品の機能的なサービスを享受するのみでなく、個別の事象が連なった総体である「一連の体験」を対象とした消費活動のこと。集積した製品群・サービス群が、個々の製品やサービスに切り分けられることなく、一連の体験として時間経過の中に溶け込み、一つの情動的価値を提供する“コト”として認知されるように設計・管理することが、個々の価格や仕様だけではない非価格競争（差別化）の源泉を生む。

　モノ消費とコト消費の定義を見ると、モノの購入とサービスの購入をその特性によって区分するグローバル定義で分類していないことが分かる。「モノ消費」の中に、「サービスの持つ機能的価値の消費」が含まれていたり、「コト消費」の中に「製品の購入」が含まれていたりしているため、モノとコトは、モノとサービスという区分ではない。

　このようなモノとコトという定義が不明確な分類が行われているだけでなく、コト消費における「個別の事象が連なった総体である『一連の体験』を対象とした消費活動」や「一つの情動的価値を提供する“コト”」という表現に至っては、経済的な定義としては、あまりにも抽象的ではないだろうか。

　このように、あえて日本だけでしか使えないモノ消費やコト消費の定義を作ってガラパゴス化することが、グローバルレベルで生み出されているサービス消費による付加価値の育成を阻害しているのであれば由々しきことである。定義の不明確なコトやモノという言葉を使わずに、シンプルな表現で、「これまでは、モノを購入し消費していたが、新しい動向として必ずしもモノを購入せずとも、モノの機能を無形のサービスとして購入（サービス料金の支払い）する形態で消費することが増えてきている」という認識でいいのではないだろうか。

5.5　モノの購入とサービスの購入

　サービスのIHIP特性を踏まえたサービス料金であるためには、モノを購入した場合に発生する所有権の移転がない形で、何に対して支払いが行われているのかを明確にすることが重要になる。

　内閣府が公表した第17回PFI推進委員会議事録・会議資料における「PFI事業契約に際しての基本的考え方とその解説（案）（2/2）」の中に、「サービス対価の支払い」について以下のような記載がある。

1．概要

　管理者等は、選定事業者に対して、PFI事業契約、入札説明書等および入札参加者提案に従った施設の設計、建設工事、維持・管理および運営の業務の実施により、要求された水準（内容・質）の公共サービスを提供する対価として一定の金額（「サービス対価」という）を支払う義務を負う旨規定される。（関連：1－9規定の適用関係）

　そして、さらに、サービス対価の考え方として、「モニタリングに関するガイドライン」を参照して、以下のように示されている。

4．「サービス対価」の考え方

　「サービス対価」の考え方を例示すると以下の通り。（参考：モニタリングに関するガイドライン）

　　1）公共サービスの提供に必要な建設工事費と、維持・管理費および運営費とを不可分の「サービス対価」とする考え方。

　　2）「サービス対価」のうち、選定事業者が負担する各費用項目（建設工事費、支払利息、維持・管理費および運営費等）に相当する額をそれぞれ支払うとする考え方。

　なお、「サービス対価」の支払額は、計算式により示されることが多く、この場合、その詳細はPFI事業契約書の別紙に記載されることが多い。

　4.1）の建設工事費は、有形な施設に結びついていることから、グローバルな

定義に基づけば、サービス対価にはなりえない。また、4.2）も建設工事費相当額までサービス対価と規定しているが、どうして所有権が移転する建設工事費相当分の支払いをサービス料金としたのかについての説明がない。

英国のサービス調達型PFI事業の支払いがサービス対価であることから、同じ言葉を使ったものの、実際の日本の施設調達型PFI事業の支払いにモノの購入費用が含まれていたため、本来であれば修正が必要であったが、サービスの定義が不明確であったため、齟齬が修正できていないのではないかと考える。

サービスはIHIP特性を有していることから、生産と消費が同時に行われなければならないし、形があるものであってはならない。従って、施設を整備した費用は、引き渡しと同時にその形あるモノの所有権が発注者に移り、長い耐用年数を持つため、生産と消費を同時に行うことができない。サービスの購入であるためには、サービスとして生産され消費した部分のみが確定債務となり費用となるのである。このような論理を是とすれば、建設工事費を確定債務にすることをサービス対価と呼ぶことは合理的ではないことが分かる。

正しいサービスの認識をした上で、政策に活用する必要があると考える。

5.6　モノ消費をサービス消費へと転換する政策立案

サービス調達型PFI手法は、施設の機能をサービスに転換することで、ゼネコンのSPCに対する施設整備費としての売り上げを確保したまま、事業期間にわたって、施設整備費相当額をもう一度サービスとして売り上げに計上することができる仕組みである。このような経済活性化に有益な仕組みは、「施設調達」を「施設機能のサービス調達」に転換することによって初めて達成できる。

既存のPFI法でサービス調達型のPFI手法が導入できないわけではない。しかしながら、施設を整備するためのファイナンスリースが活用できる仕組みを認めてしまったことで、発注者はモノの機能をサービスに転換するための面倒な仕様書の作成もなくなり、事業者はサービスのパフォーマンス変動リスクを取る必要がなくなった。これによってサービス調達型PFI手法を導入する官民双方のインセンティブがなくなったのである。

日本版PFI事業は、自治体を含む政府のコスト削減には貢献したかもしれない。しかしながら、経済成長を促す可能性も持っていた本来使うべきであったサービス

調達の仕組みを壊し、公共コストの削減をVFM（Value for Money：お金＝税金の活用に対して最も価値の高いサービスを供給するという考え方）としてしまったために、政府の発注額を削減するだけの仕組みとなってしまった。英国の経済成長の源泉とも言われたPFIの仕組みを導入する意図はあったものの、結果的に反対に経済をシュリンクさせる負のスパイラルの引き金になった可能性も否定できない。

　PFI法の草案構築段階において、英国の「PFI契約の標準化」が開示されていなかったことから、英国において公共施設調達に割賦払いが活用されているとタイミング悪く誤解してしまった可能性が高い。

　しかしながら、英国のPFIに関するさまざまな資料が公表されていく中で、当初認めた施設整備費の割賦払いの仕組みから、サービス料金の支払いの仕組みに転換しないのみならず、割賦払いを正当化し、民間にリスクを移転するために必要な事業運営権という債権を、「みなし物権」と呼ばれる物件に置き換えることで、ガラパゴス化を促進してしまった。

　今、政府には政策によって経済を活性化させることが求められており、その一つのビジョンとして令和の資産所得倍増を打ち出している。資産所得倍増のためには、資産を投資する投資先が必要であり、インベストメント・チェーンが構築されなければならない。そのためには、それぞれの企業が持つ特性が生かされ、企業が資本市場を意識した経営にカジを切ることが求められており、その実現に役立つ施策としてサービス調達型PFI事業の活用があるのだ。これまでモノづくりに偏りすぎていた企業を、そのモノが持つ高品質の機能を使って、確実に、かつ、高い収益率を生み出すサービスの創造に関与させていくことによって、所得分配の原資を生み出すことができるはずだ。ただ現状として、このようなサービス調達が市場に存在していないことから、施設調達に代わってサービス調達をするとはどういうことであるのかを発注者として政府が明確化する必要があり、その時、そのサービスは前述したIHIP特性を持った形で提供され、しかも、採算が取れる投資となる適切な価格設定がなされることを前提とする必要がある。

　これまでは、モノづくりに焦点を当て続けすぎたため、モノの機能をサービスに転換するという発想が政策に組み込まれていなかった。ただし、モノの機能をサービスに転換するのだから、質の高いモノづくりが不要なわけではない。むしろ質の

高いモノづくりがあってこそ、そのモノの機能を継続的に提供し続けることができるのである。従って、モノづくりに焦点が当たりすぎていた政策を新たなものに転換するのではなく、モノづくりの強さを維持しながら、質の高いモノの機能を質の高いサービスに転換して所得分配の原資を意図的に作り出すという政策に転換すべきであろう。

　「コト消費」の中で述べられている「集積した製品群・サービス群が、個々の製品やサービスに切り分けられることなく、一連の体験として時間経過の中に溶け込み、一つの情動的価値を提供する"コト"として認知されるように設計・管理することが、個々の価格や仕様だけではない非価格競争（差別化）の源泉を生む」というあいまいで抽象的な表現は改め、モノとサービスは経済学的に明確に区別した上で、サービスから新たなる付加価値が生み出せることを明確にすべきである。前述した世界銀行の報告書からも分かるように、サービスの促進が世界の経済成長の源泉となっている現状において、モノづくりに秀でており、おもてなしに代表される質の高いサービス提供ができる日本であるからこそ「モノの機能のサービス転換の標準化」を経済の活性化を推し進める政策として立案すべきだと考える。

　モノとサービスの区別には、グローバルな定義を活用した上で、日本の進むべき方向は、次のようになると考える。

　「高品質の日本製製品の活用と、高品質サービス提供が可能な日本においてこそ、高品質の製品であるから生み出せる確実に動作する機能を高品質なサービスに転換することが可能である。この時サービスにIHIP特性を持たせ、そのパフォーマンスに基づいてサービス料金を支払うことが重要である。日本の経済を活性化させるためには、モノの販売と、モノの機能のサービス販売を両立させる必要がある。

　このようなモノの販売促進とモノの機能のサービス販売促進を両立させることを象徴する仕組みとして、これまでの施設整備補助金を、サービスとして施設調達が行われた場合にも活用できるようにすること、もしくは、施設機能維持補助金を新たにサービス調達型PFIへの転換と同時に導入することは有用である」

　このようなビジョンを実現させるためには、これまで述べてきたように、第三者が質の高い日本の製品に投資を行い、質の高い製品の機能をサービスに転換することで、当該投資をサービス料金で回収する仕組みの構築が可能となる。このようにして、製造業の利益を維持しつつ、その製造業の供給した品質の高い日本の製品の機能をサービス化することで、製造業の売り上げを上回るサービス料金から利益を得ることができるようになる。

　岸田総理が言うべき内容は、「厳しい財政状況の下でも多様な政策ニーズに対応するとともに、民間の新たなビジネス機会や新たな市場を創造し、成長と分配の好循環を実現する」というような、具体性に乏しい言葉の羅列ではなく、次のようなものだと考える。

　「これまでの、モノづくりを中心に構築してきた施策は、施設整備に焦点が当たりすぎていた。その例が日本版PFI手法である。本来ならば、施設の機能をサービスに転換して、サービスによる利益の拡大に貢献できるはずであったが、厳しい財政状況下において公共の施設整備費の削減を優先しすぎて、結果的にサービス転換ができずに経済を収縮させかねない手法となっていた。このような事実を認識した上で日本版PFI手法を見直し、サービス調達型PFI手法に転換したい。この方法により、民間の新たなビジネス機会としてこれまでのモノづくりよりも利益率の高い新たなサービス市場の創生を組み込んだインベストメント・チェーンの構築を促進し、資産所得を倍増させることにもつなげていきたい」

　これまで通りのことをやっていては、30年間の経済の停滞から抜け出せるはずがない。政府の無謬性の原則（政府の施策立案には誤謬がないという考え方）を改め、思い切って間違っている政策は見直すという姿勢を示すことが必要である。
　なお、前述した施設整備補助金をサービスとして施設調達が行われた場合にも活用できるようにする仕組みとしては次のような方法が考えられる。

　まず、施設が完成した段階で、施設整備補助金を、実施機関の事業のみにしか支払いができない金融機関のエスクロー口座に振り込む。そして、パフォーマンスに応じて、その施設整備補助金を事業者に支払うという仕組みである。施設整

57

備費の割賦払いをサービス料金に転換するに際し、施設整備補助金もサービス料金と連動して支払われるようにするという考え方である。なお、運営上のサービス・パフォーマンスが少し悪いくらいでは、支払期限が延びる程度の影響しか生じないため、施設整備補助金の金額が変動するものではないことから、これまで通りに施設整備補助金算定の仕組みが活用できることになる。

地方自治体が必要と考える施設のサービス調達

第6章　地方自治体が必要と考える施設のサービス調達

6.1　PFI事業促進に対して貢献が求められる地方自治体

　岸田総理が述べた「令和4（2022）年度から10年間の事業規模目標を30兆円と設定し、PPP/PFIの推進策を抜本強化する」という言葉には、そのPPP/PFI事業を実施する主体として地方自治体の協力も求めるという意味が含まれていると推察できる。

　それでは、これに対応するように、既存のPFI法に基づいた施設調達型PFI事業を増やしていっていいのだろうか、また、施設調達型PFI事業の促進は自治体の財政状況を悪化させることにならないだろうか。

　先日訪問したPFI案件的な手法を活用して地域を活性化したいという要望を持っている山口市で、サービス調達型PFIの手法を紹介したが、その際のプレゼンテーションとその後の議論を基に、上記疑問に対する答えを模索してみよう。

6.2　近年増加している地方自治体のPPP/PFI案件数

　図表6-1は、内閣府が作成したグラフであり、地方自治体のPFI案件数が近年伸びていることが分かる。

　近年のPFI事業数の増加には、地方自治体のPFI事業数の増加が貢献しており、その背景には内閣府と国が地域の産官学金によるPPP/PFI地域プラットフォームの形成を支援し、国交省が仕組みづくりをした民間投資を促進するPARK-PFI等の案件が、案件形成を促進していると考えられる。

　また、**図表6-2**は、平成11（1999）年に導入されたPFI事業の各年度の実施数と累計数を内閣府が折れ線グラフと棒グラフで作成したものである。

図表6-1　PFI事業の実施状況・市区町村

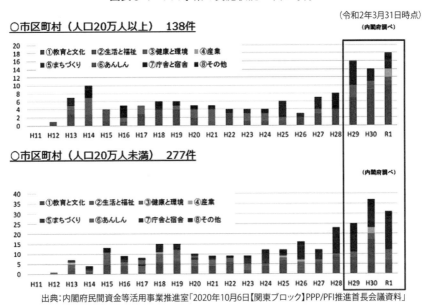

出典：内閣府民間資金等活用事業推進室「2020年10月6日【関東ブロック】PPP/PFI推進首長会議資料」

図表6-2　PFI事業の実施状況（事業数の推移）

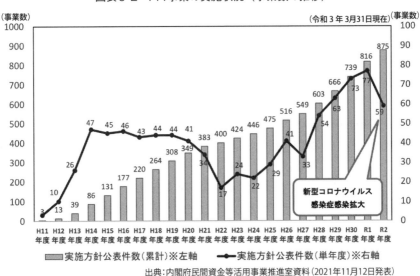

出典：内閣府民間資金等活用事業推進室資料（2021年11月12日発表）

この表を見ると、導入当初の案件数は伸びているが、平成22（2010）年に急激に案件数が落ち、最近また、前述したように上昇しつつあることが分かる。

そもそも、施設調達型PFI契約を締結すると、施設整備費の支払いが確定することから、長期債務負担行為を設定しなければならないため、決して財政状況が改善するわけではない。このことは、PFI法の制定後すぐに明確化[1]された。起債と同様にPFI事業の契約を締結すると、長期債務負担行為を設定する必要があるため財政状況は悪化する。

PFI法導入当初は、英国でPFIを導入した目的は財政状況を改善する仕組みであったと紹介されていたことから、財政状況を改善できる仕組みであったはずなのに、そうではないことが分かったのである。自治体は、なぜ自治体の財政状況を悪化させる仕組みを国が促進しているのかと疑問に思い、PFI法の改善を訴えるべきであったかもしれない。

6.3　異なったPFI手法を導入した日英のPFI導入動機の違い

英国でサービス調達型のPFI手法が導入された背景は、「第7章　英国でサービス調達型PFIが生まれた背景」で説明するが、英国政府がPFI手法を導入した動機は、マーストリヒト条約で求められた健全財政の維持と、経済の活性化を同時に達成することであった。

それまでは、英国も日本やそれ以外の国と同様に、公債発行によって建設原資を調達し、行政が公共投資として施設を整備し、公債を償還し続けてきた。この方法では、公債発行毎に多額の公的債務が確定し、財政状況が悪化してしまう。マーストリヒト条約で求められた公会計上の年度赤字をGDPの3%以下に、累積債務をGDPの60%以下に抑えるためには、施設調達型で行っていた公共施設調達を、サービス調達型に転換するしかなかったのである。

言い換えると、PFI手法とは、これまで公共投資で施設を整備していたものを民間投資に切り替え、公共は、民間の投資事業として提供される施設提供サービスを購入し、これによって、公共が公的債務の拡大を回避し、財政を健全化す

1　施設整備型のPFI事業では、「財政の健全性を確保する必要があるため、PFI事業における債務負担行為に係る支出のうち、施設整備費や用地取得費に相当するもの等公債費に準ずるものは、起債制限比率の計算の対象となる」（平成12年3月29日付自治画第67号自治事務次官通知「地方公共団体におけるPFI事業について」）ことが、決められている。

る仕組みであった。

　一方、日本がPFI手法を導入した動機は、これとは全く異なり、公共投資のコストを削減し、キャッシュフローを改善することであった。

　この背景には、バブルの崩壊に伴い財政破綻懸念が大きくなり、資金繰りに苦しくなった自治体（具体的に言うと、神奈川県）が、民間資金を活用した"リース（神奈川）方式"を採用したことがその起点にある。それまで公債を発行することができる自治体は、民間資金の利用を禁じられてきたため、民間リースの活用はいわゆる禁じ手であった。

　この自治体の資金繰りが悪化している中で、英国のPFI手法が支払いを平準化できる手法であり、財政の健全化に活用できる手法として紹介された。誤解を恐れずに言えば、PFI手法をこれまでの施設調達とは異なる複雑な仕組みとしてブラックボックス化したまま、「どうも英国では禁じ手の民間リースが解禁された」と思い込んだ節がある。このように、PFI手法を施設整備費の割賦払いができる方法として整備した法律が、「民間資金等の活用による公共施設等の整備等の促進に関する法律（通称PFI法）」である。法律名にも、法令にも民間投資やサービス調達等の文言は含まれておらず、公共が自ら公共施設等の整備の促進を民間資金の活用で実施する法律として整備されたことになる。

　英国でサービス調達型のPFI手法が広まったのは、ブレア政権になって、PFI政策を見直し、PFI手法そのものを見える化してからである。具体的には、PFI関係者がその知見を寄せ集めて作成した「PFI契約の標準化」（Standardisation of PFI Contract　通称その頭文字をとってSoPC「ソプシー」と呼ばれる）を公表して以降のことである。このSoPCが公表された時期が1999年7月であった。

　日本のPFI法が施行されたのも1999年7月であったことから、日本のPFI法が、英国のサービス調達型のSoPCを参照することなく割賦手法を認める法律をPFI法という名前で施行したことが分かる。筆者は1998年12月から2000年3月まで、英国に赴任しており、懇意にしていた弁護士事務所から受け取ったSoPCのドラフトにもコメントをしたことがあり、その内容が見直され項目が追加されていくプロセスにも関わっていたため、日本のPFI法の内容を見てがっかりしたことが記憶に残っている。

このように英国では、国の財政状況を改善するためにサービス調達型のPFI手法を導入したが、日本では、5.6でも述べたように英国がSoPCを公表する前に、PFI手法をファイナンスリース契約による割賦手法と誤って認識し、割賦払いを認めるPFI法を施行し施設調達型のPFI手法を導入したことになる。

財政状況の厳しい自治体が本来導入すべきだったのは、サービス調達型のPFI手法であったが、日本が導入したのは施設調達型PFI手法であり、前評判とは異なり財政状況を改善できないものであったことが、前述した自治画第67号自治事務次官通知によって、PFI法施行後に明文化されたことになる。

6.4　異なった導入動機を起因とした異なった導入方法とその結果

以下の表は異なったPFI手法の導入動機の違いが、具体的にどのような導入方法の違いとなって、どのような結果につながっているのかを示したものである。

図表6-3　異なるPFI導入動機が及ぼす成果の違い

	施設調達型日本版PFI	サービス調達型PFI
PFI手法導入動機	財源縮小に対応した政府のキャッシュフロー改善	マーストリヒト条約に基づく財政状況改善と経済活性化の両立
活用手法	リース方式の活用	施設調達をサービス調達に転換
具体的な仕組み	公共投資に民間の資金とノウハウを活用してコストを削減	民間投資資産のサービスを公共が購入、民間サービスの売り上げ促進
VFMとはなにか？	PFI手法を活用することで生み出される行政コストの削減	モノ調達をサービス調達に転換して生み出される価値（リスク移転）
PFI導入の達成成果	事業者による効率的業務遂行による行政コストの削減	イノベーションによる行政コスト削減と民間サービス売り上げ拡大
所得分配原資の変動	事業者に対する支払額削減による所得分配の原資の縮小	施設整備売上の所得分配原資とサービス売り上げの所得分配原資

前述したように、日本のPFIの導入動機は、政府や自治体のキャッシュフロー改善であり、ファイナンス・リースによる施設整備費の割賦方式の活用を認めたものである。PFI手法の説明として、内閣府は「PFIとは、公共事業を実施するための手法の一つです。民間の資金と経営能力・技術力（ノウハウ）を活用し、公

共施設等の設計・建設・改修・更新や維持管理・運営を行う公共事業の手法です」と定義している。そして、PFI事業を実施するためには、英国と同様にVFMが求められ、施設調達型PFIの場合のVFMは、施設整備費と維持管理運営費の財政コストの削減によって生み出され、財政状況の悪化を食い止めることができるというロジックがある。この論理に基づき、財政コストの削減によるVFMが検証できる場合にのみPFI事業の実施が認められている。

　しかも、このコスト削減は、民間ノウハウを活用した事業者の業務効率化によって達成されるものである。そのため、行政コストの削減は、事業者売り上げの減少につながり、結果的に所得分配の原資となる利益の縮小にもつながる。言い換えると、経済活動を収縮させる負のスパイラルを引き起こす原因にもなりかねない。

　英国ではモノの購入からサービスの購入に転換するに当たり、公共による民間資金の割賦払いを原則禁止したまま、国会においてVFMについての議論を行った。一方、日本では公債によって資金調達できることから公共の禁じ手であり続けてきた民間資金の割賦払い利用を公共が使うことが法令で認められ、VFMの検討も深く行われなかった。本来ならば、業務プロセスを見直すイノベーティブな方法でVFMを生み出し、コスト削減とサービス品質の向上を同時達成する必要があったのだが、日本のVFMは、スペックダウンによるコストダウンや、人件費の削減を認めてしまった。そもそもサービスの調達ではないため、サービスの品質に焦点が当たっていなかったからだと考えられるが、仕様をスペックダウンし、人件費を下げれば、コストが下がるのは当たり前であり、同時に公共サービスの品質を低下させてしまうことになる。維持しなければならない公共サービスの質やVFMについての議論をせずに、財政コスト削減手法を認める施策を導入することは、公共投資を民間投資に転換する条件として、公共サービスの品質を維持しながらVFM（財政コスト削減を含む）を生み出すことが求められる本来のPFI手法の導入論理から外れている。

　一方で、サービス調達型のPFIは財政状況の改善と経済活性化の両立を目指すものであり、そのために施設調達をサービス調達に転換したことは前述した通りである。

　公共施設を民間投資によって整備し、民間資産が生み出すサービスを公共が購入することで、結果的に公共コストが削減される。また、新たにサービス売り上

げが計上されることから、民間経済が活性化される。英国のPFI事業のVFM
は、業務プロセスを見直し、イノベーティブな方法で公共リスクを民間リスクに転換
することでリスクコストを削減することで生み出される。これに加えて、新たに民間
投資事業のサービス売り上げによる経済の活性化が成果として生み出される。結
果的に、これまでの施設整備による利益から生み出される所得分配原資が減らさ
れることなく、新たに民間投資を通してサービスによる利益から生み出される所得
分配原資が生じるため、経済が活性化され、税収も増えるという仕組みである。

　日本の施設調達型PFIを増やすことは、所得分配原資の縮小につながる可能
性が高く、サービス調達型PFIを増やすことが、所得分配原資を拡大させる根拠
となりうるのならば、当然令和の所得分配原資を増やすために、どちらを使えばよ
いのかは明白である。

　PPP/PFIの推進策を抜本強化するためには、施設調達型のPFI事業をサー
ビス調達型のPFI事業に転換することが不可欠のはずである。

6.5　地方自治体のサービス調達型PFIの導入のメリット

　これまで、地方自治体が施設調達型PFI事業を実施すると、長期債務負担行
為を設定する必要があるため、起債制限比率の計算対象となり、結果的に財政
状況の改善につながらなかった。施設調達型のPFI事業をサービス調達型に転
換し、民間投資として投資リスクおよび事業運営リスクを事業者に取らせることがで
きるようになれば、長期継続契約手続きによってサービス調達型PFI事業が実施
できるようになる。必要に応じて指定管理者制度を活用して、年度会計で処理す
れば、施設調達型PFI事業を実施するよりも、財政状況の改善に貢献できる。

　また、これまでの施設調達型PFI事業では、大型の施設整備を設計・施工で
実施できる大手ゼネコンや、高度な管財業務や施設運営のノウハウを持つ企業に
発注してきた。これらの企業の多くは首都圏に本社があり、自治体の外で売り上
げが立つことから、PFI事業によって事業者利益が出たとしても、それは地方の
税収に反映されなかった。維持管理運営の管財サービスについても、首都圏の
本社が受託し、地方の支店がサービス提供すると、これまで受注していた地方の
中小企業が業務を受託できなくなる。

　これに対して、サービス調達型を導入し、地方にSPCを設立させ、サービスと

して民間投資が回収できるようにした上で、発注した自治体に本社を構える中小企業の活用を事業提案評価の対象にすれば、地場の中小企業のPFI事業への関与が促進される可能性が高くなる。地場企業は一時的には、直接受託よりも、利益率が下がるかもしれない。ただし、サービス提供のノウハウの獲得や業務効率のためのDX化が進めば、作業効率も上がり、それを地場での業務に活用できるようになると、地方での新たなサービス売り上げが伸び、そして、その収益はSPCおよび業務を受託した地場産業の所得分配原資となり、地方における所得税納付にも貢献するはずだ。

　経団連の「地域経済の活性化を担う地元企業の役割」と題する報告書において、「地域経済の活性化という目的から見たときに、企業の役割は、付加価値＝富の創造であり、地方自治体の役割は、地域内外の資源を取り込んで、それを効果的に再配分していくことである」と述べている。地方自治体にはサービス調達型PFIを自らの役割を果たすために効果的に活用し、新しい地域発展モデルを構築して頂きたい。

6.6　地方自治体がサービス調達型PFIを導入するに当たっての課題

　一方で、サービス調達型PFIを導入するに当たってはさまざまな課題がある。サービスであることから、前述した長期継続契約手続きで契約締結できるものと考えるが、保守的に考えると、過去にPFI支払いと同等の高額支払いの長期継続手続きを実施した事例がないため手続き上の問題が生じないか確認する必要がある。

　また、施設調達型PFIを前提とした議会の議決等の手続きが自治事務次官通知（自治画第67号平成12年3月29日（平成15年9月2日一部改正）、および自治省財務局長通知（平成12年3月29日付自治調第25号）等で決まっているが、施設を公共が買い入れたり、借り入れたりすることが対象となっており、サービス調達の場合の規定がないこと、公共が施設を所有する施設調達型PFI事業に適用される地方交付税措置が民間が施設を所有するサービス調達型PFI事業には適用されない懸念があることなどが課題として挙げられる。

　ただし、このような課題も含めて、内閣府のPPP/PFIの推進施策として、「経済財政運営と改革の基本方針2021」等を踏まえ、地方公共団体における多様なPPP/PFIの活用が進むよう、人口20万人未満の地方公共団体を含め、実効

ある優先的検討の運用や地域プラットフォームの形成、案件発掘支援の拡充等、適切な支援を行うこと」が実施されていることから、これらの制度を活用の上で、課題解決をしていくことができるかもしれない。

6.7　地方自治体がサービス調達型PFIを促進できる対象施設

　前述のように、国から補助金がある事業にサービス調達型PFI手法を導入することは、ルールが明確に決まっていないことから、その補助金適用の可否を確認することだけでも多くの労力が必要であり、かつその補助金適用の可能性が低い。そもそも、補助金は施設整備費として交付されることが前提になっているため、公共投資にしか適用されない。しかも、ファイナンスリースを活用して、実質的な所有権が自治体にあると考えられるようなBOT様式の事業でさえも、名目上の所有権が民間にある限り、国からの補助金は非交付という判断が下された事例もあることから、サービス調達型のPFI事業に補助金が交付されることの実現性は低い。そのため、自治体がサービス調達PFIを導入した場合の補助金提供については、英国政府が活用した地方自治体に対するPFIクレジットを参考に新たな制度設計が必要となる。なお、国として自治体の公共施設の整備をサービス調達型PFIで実施するためには、**5.6**で提案したエスクロー口座の活用も含めて、施設整備費を補助金として支出する制度の改定が必要になることは言うまでもない。

　一方で、公園整備やスポーツ施設整備のような自治体の単独事業として行われる事業については、施設整備補助金の適用がないことから、サービス調達型PFI事業との相性が良いと考えられる。それは、民間投資と組み合わせて、一体的な施設を整備することができるからである。

　例えば基本的な、スポーツ関連サービスを安価な利用料金で利用できる公共サービス部分を公共支出で賄い、個人個人の健康支援サービスとしてのデータ分析に必要な高額の機材機器投資や、専門家による個人カウンセリングサービスに必要な人材雇用を民間事業者の独立採算事業として組み合わせることができる。

　また、同様の施設および機材機器が老朽化し、継続してサービス提供していくことが困難になり、予算の関係から高度なスポーツ関連施設の再整備ができない場合も同様に、老朽化した施設を名目上の価格で事業者に売却し、民間投資で

施設をリフォームする方法がある。これによって、自治体はこれまで公共サービスとして提供していたサービス費用を公共が負担することを約束するだけで、前述した付加サービス部分の投資を民間事業者の独立採算事業として組み合わせられる可能性もある。

　ただし、この時、公共サービスの提供を目的とした民間施設整備であるという実態から施設投資を行い施設を所有する民間が土地も所有しなければならないとしてしまうことは、減価償却のできない土地の購入による民間投資額の拡大につながることから望ましくない。内閣府においても検討が行われている「公共施設の非保有手法の検討」の中に、サービス調達型のPFI手法も反映させた検討が必要だと考えられる。

　公共負担でスポーツ施設整備部分をサービス調達化するだけでも、所得分配原資を倍にできるが、それに加えて、前述したような民間のスポーツカウンセリングサービスを提供するスポーツ施設運営事業が成り立てば、所得分配原資をさらに膨らませることができるようになる。

　このような、公共サービスとして提供すべき部分のサービス費用を公共が負担し、民間がオプションとしての質の高い有料サービスに専念するという役割分担が望ましい官民連携ではないだろうか。

英国でサービス調達型PFIが生まれた背景

第7章　英国でサービス調達型PFIが生まれた背景

7.1　日本の施設整備型PFIとサービス調達型PFIは異質なもの

　本書では、英国で導入されたPFI手法を「サービス調達型PFI」という名称を活用して説明する。これは、日本のPFI手法と区別するためである。サービス調達型のPFIとは、従来のように施設調達や維持管理サービスを別々に分けて調達する仕組み、もしくは日本のPFI手法のように施設調達と維持管理サービスを組み合わせて調達している仕組みとは異なる。公共事業に含まれる施設の機能を、そのライフサイクルを考慮しながらサービスに転換して購入する仕組みである。一見、単なる設計・施工および運営調達を一体化したDBO（Design, Build & Operate）に見えるが、そうではない。現状における日本版PFI事業において存在していない1）施設調達をサービス調達に転換することを求める発注者、2）施設調達をサービス調達に転換するノウハウを持ったコンサルタント、3）施設整備の投資を行う投資家、4）その施設が持つ機能をサービスとして提供するノウハウを持ったサービスプロバイダー、および、5）サービス契約を債権としての担保と見なして融資を行う金融機関が必要になってくる。これらのステークホルダーが、新たな経済価値を創出することが、所得分配の原資を倍増させる源泉となるのである。

7.2　英国でPFI手法導入以前から育成されていたサービス調達の土壌

　さて、PFIの文献を紐解いてみると、英国でPFI手法が導入されたのは、1992年であるといわれる。しかしながら、それ以前から英国には公共調達をサービス調達に転換する土壌が育成されていた。

　英国は、第2次世界大戦後、他のヨーロッパ諸国と同様に、公企業の割合が高い産業構造であったが、事業運営効率が悪く、黒字での運営ができていなかった。首相になったマーガレット・サッチャーは、英国の再生には、官民ともに競争に耐えうるものに変えていかなければならないと考え、イギリス経済を再生させるために、まず、経営状態の悪い公企業や、非効率的経営を行っていた公企業を民営化した。サッチャーは英国企業の収益性の上昇と国際競争力の回復も求め、競争の促進、経営の効率化、非介入主義を目標に民営化を進めていった。

7.3　機能のサービス転換を生み出した公共調達ガイドライン

　このような流れの中で、サッチャー政権以前までは、英国においても日本と同様に公共投資により公共施設を設計、整備、保有し、公共が公共施設を運営していた。サッチャーは、最も効率的に公共事業を行うためには、公共があらゆる設計を行い、価格競争だけで事業者を選定するのではなく、公共は求めるアウトプットを示すにとどめ、具体的な手法は事業を実施する民間に提案させるべきであるという考え方の方が優れているとして、公共調達ガイドラインであるCUPガイダンスの中に、この考え方を取り入れた。1992年にPFI手法が導入されることによって、この考え方がさらに前進して、民間投資により公共施設を整備し、民間が当該公共施設を保有・運営し、その民間サービスを公共が調達する形態に転換したのである。サービス調達型PFI手法は、単に公共事業に割賦払いを適用したのでも、単に民間資金を活用したのでもない。サービス調達型PFI手法は、民間投資で施設を整備し、その運営リスクを投資家が取っている手法であることを強調しておく必要がある。

7.4　機能のサービス転換がGDPを拡大

　英国のサービス調達型PFI手法では、公共調達手法を施設調達からサービス調達に転換することで経済を活性化した。これまでの公共施設整備によって建設事業者が利益を100得ていたとするならば、建設事業者の契約相手が公共からSPCに変わったとしても、サービス調達型PFI手法で建設事業者がSPCから得る利益は100近くになると想定できる。ただし同時に、SPCが公共と長期サービス契約を締結し、民間投資を回収するが、このサービスには維持管理運営業務が含まれ、その利益率は建設会社の利益率よりも一般的に高いため、経済効果として得られる建設とサービスの累計売上総額および累計利益総額を従来の建設のみの額と比較すると倍以上になる。長期にわたるサービス提供契約であるため、すぐにこれらの累計総額が倍になるわけではないが、まさに、これが所得分配の原資を倍にする手法である。

　サービス調達型PFIは、現状の日本版PFIのように施設整備費の支払いと維持管理運営費の支払いを別々に算定して一緒に支払う方法では成立しない。全ての支払いをサービス料金にするために支払いの仕組みとしてユニタリーチャージと呼ば

れる、施設整備費と維持管理費に分離できない支払い方法に転換する必要がある。

　1992年に英国ではPFI手法が導入され、モノの調達をサービス調達に転換させることで英国経済を成長させた。EUにおいても、この英国の調達の仕組みを公共調達のパラダイムシフトとして捉え、モノの調達に対する公共入札に対して、サービス提案をすることを認めており、モノ売り上げとサービス売り上げによる利益を並行して成立させ経済を活性化させている。既に世界的にパラダイムシフトとして捉えられている「モノ調達をサービス調達に転換する仕組み」によって諸外国が経済成長を続けてきた30年間と、この仕組みを導入しなかった日本経済が停滞している30年間の期間が一致しているのを単なる偶然の結果として捉えるだけでなく、モノの機能のサービス転換というパラダイムシフトを経済成長の要因として捉えてよいのではないかと考える。

第8章

サービス調達型PFI事業の定義

8.1　英国のPFI事業の定義

　PFIの生みの親である英国のIUK[2]は、PFI事業の核は"民間投資事業"であり、"固定価格"であり、"サービスの結果に対する支払い"であり、次の六つの特徴を持っていると述べている。

　第1は、公共が民間に移管したいと考える"資産とサービスに関する責任とリスク"をアウトプット仕様書にて明確化すること。
　このことは、従来のモノとサービスを別々に調達するという考え方とは大きく異なり、モノとサービスの調達を、それらの両方によって提供される結果によって調達することを意味している。
　第2は、サービスの市民への提供に関する最終責任は公共が取ること。
　この点は、日本では、国やいくつかの自治体の事業において、民間に業務を任せるのであるからその責任も民間に取らせるという間違った解釈がされている可能性があるので留意しなければならない点である。
　第3は、施設の設計・建設・維持管理・運営を民間投資で請け負い、民間がライフサイクルでのワンストップサービスによる資産提供をすること。
　この点は、上記1と密接に関連している。施設の設計と建設を行い、その施設を維持管理・運営する業務を民間に包括的に委託する長期契約を締結し、長期的なコストの確定と、資産関連サービスを包括委託する契約であることが分かる。
　第4は、事業者の事業資本は、事業の工期と事業コストの変動リスクにさらされた リミテッドリコースになっていること。
　この点は、民間に取らせるリスクを、設計・施工における事業の工期変動リスクと施設整備費変動リスクおよび維持管理・運営費変動リスクに限定した民間資金調達によるプロジェクトファイナンスであることを意味している。
　第5は、支払いは、施設の完成後に事業全体に対する一括定額コストであり、

2　IUK（Infrastructure U.K.）：この組織は、かつて英国の財務省（HM Treasury）の中にあった一つのユニットであり、英国の長期的なインフラの優先順位付けと民間セクターの投資を促進するための組織であった。

投資コストの変動リスクと運営コストの変動リスクは民間が取ること。

　この点は、上記1、2、3、4と密接に関連している。発注者は事前に合意した一括定額コストを支払うものであり、投資コストの変動や、運営コストの変動に対しては、民間の責任とすることを意味する。ただし、最終的な公共サービスの提供に関しての責任まで、民間に取らせるものではないことを意味している。

　第6は、支払いはアウトプットに基づいたものであり、手段や手法に対して支払わないこと。

　このことは、発注者側は、施設が完成してサービスが提供されるまでは、支払いは行わず、民間が達成するアウトプットに対して一括定額コストを支払うことを約束するものである。投資コストの変動や、運営コストの変動は民間側のリスクであり、適切にサービスが提供されなければ、サービス対価が満額で支払われないことを意味する。

8.2　APMGのPPP事業の定義

　次に、国際的な資格認定機関である英APMG InternationalのCertified PPP Professional Guide（CP3P Guide）に記載されているPPP事業の定義について見てみよう。

　PPP事業の概念を構成する第1の要素は、公共事業者と民間事業者間の長期的な契約であるということである。従って、公共事業者同士や、民間事業者同士の契約は対象に入らないし、短期的な契約も対象にはならない。

　第2の要素は、公共資産を開発または管理するためのものである。資産の開発においては、資産に付随する公共サービスの管理も含めるものとする。また開発は、新規事業だけでなく、大掛かりなアップグレードや改修工事も含むものとする。

　第3の要素は、民間事業者が契約期間にわたって大きなリスクと管理責任を担うことである。従って、リスクや管理責任のない事業契約はPPPの対象には含まれない。

　第4の要素は、民間事業者が自らのリスクで資金調達の主要な部分を提供することである。

　第5の要素は、報酬がパフォーマンスに大きく依存するか、資産やサービスの

需要または利用、もしくはそのいずれかに大きく依存するものであることである。簡単に言うと、パフォーマンスが出ないとお金がもらえない仕組みである。

　最後の第6の要素は、パフォーマンスおよび資産やサービスの需要または利用等を使って、官民の利害を調整する仕組みである。

APMGのCP3PガイドにおけるPPPの定義：

　PPPとは、公共当事者と民間当事者間の長期的な契約であり、公共資産（関連する公共サービスの管理を潜在的に含む）を開発（または大がかりなアップグレードや改修工事を含む）または管理を行うためのものであり、そこにおいて民間当事者は契約期間にわたって大きなリスクと管理責任を担い、自らのリスクで資金調達の主要な部分を提供し、報酬はパフォーマンスおよび資産やサービスの需要または利用、もしくはそのいずれかに大きく依存したものであり、これによって官民の利害の調整を行うものである。

8.3　民間投資で整備された施設の機能を民間がサービスとして提供

　この両方からPPPとは、サービスのアウトプットやパフォーマンスに応じた支払いの仕組みを持った施設整備を事業者にコミットさせるものであること。そして、事業者と発注者が締結したこのサービスのパフォーマンスベース契約（Performance Based Contract（PBC））に基づいて適切なサービス提供がなされた場合に合意した支払いを受け取ることができること。また、その契約上の事業債権を担保にして、事業者が資金調達をする事業であることが分かる。

モノとサービスで異なる融資における担保

第9章　モノとサービスで異なる融資における担保

9.1　モノを売るかサービスを売るかで変わる融資における担保

　モノに対する融資もしくは、サービスに対する融資であるかによって、事業者側の資金調達の考え方および金融機関の融資判断の根拠が異なってくる。物権担保融資と、債券担保によるプロジェクトファイナンスの違いである。

　モノに対する融資については、モノには形があることから、モノを作るために資金調達をするのであれば、そのモノを物権として担保にすることが可能である。融資を行う金融機関の立場から見ると、モノに質権を設定したり、融資先の会社の保証（信用力）に基づいて融資を行うことになる。

　一方で、サービスに対する融資ではサービスには形がないため、物権担保の利用ができない。そのため、確実にサービスのパフォーマンスを発揮できる仕組みや、その発揮したパフォーマンスに対する対価を得る仕組みをサービス売買契約によって構築し、その契約によって生み出される収益を債権として担保にすることで、資金調達ができるようになる。融資を行う金融機関の立場から見ると、SPCやその背後のコンソーシアムメンバー会社の信用力に基づいて融資を行うのではなく、PFI事業という特定の「プロジェクト」から生み出される収益に着目して行う融資であるといえる。

9.2　融資における物権と債権の担保

　財産を支配できる権利には、債権と物権の二つがあり、債権は契約の相手方など特定の者にしか主張できないが、物権は何人に対しても主張可能である。

　サービス調達型のPFI事業とは、サービス料金を支払うことが前提であり、そのサービス料金を受け取ることができるという事業価値、すなわち債権を担保にして資金を調達するものである。従ってPFI事業の運営状況が悪化すると、その債権価値が減ってしまったり、最悪の場合にはなくなってしまうこともある。そのため、融資した金融機関は、事業の運営状況に何か問題が生じた場合は、その事業価値を毀損させないように、事業に介入して運営状況を改善しようとする。そのような、価値が変動する債権が、サービス調達型のPFI事業には必要である。

　日本のPFI事業においては、事業価値が変動する債権を担保にして民間へリ

スク移転する仕組みを構築せず、価値変動のない「みなし物権」を担保にする仕組みが組み込まれている。そのため、結果的に事業価値が変動するリスクを民間が取る必要のない仕組みになっている。

9.3　債権とみなし物権によって変動する民間へのリスク移転

　英国のサービス調達型PFIでは、民間事業者が投資をし、施設を所有し、施設の利用に付随して提供するサービスに応じた支払いを受け取る。そのため、施設に生じる不具合を放置しておくと、適切なサービス提供でなくなることから、当初合意した通りのサービス料金が受け取れなくなる。これは事業価値が毀損することであり、金融機関にとっては債権の不良債権化につながる事象である。融資に際しては、民間が大規模修繕や日々の修繕維持管理業務によって対処することが前提であり、そのような不適切な事業運営によって、事業価値を毀損するような事業者には事業を任せておくことはできない。そのため、金融機関が事業介入し事業の立て直しを行う。

　一方、公共が所有する施設整備が目的の日本版PFIでは、金融機関が融資の担保に取るのが公共が設定した「みなし物権」としての運営権である。みなし物権を担保にしてしまうと、融資した金融機関は、事業が破綻しても、そのみなし物権を設定した自治体から資金回収できる。これは、単に金融機関が事業に介入する必要がなくなることを意味するだけでなく、むしろ、金融機関は、事業が破綻しそうになった際に事業介入して事業価値をさらに毀損してしまうことを嫌うことから、事業が破綻しそうになっても事業介入しないインセンティブを金融機関に与えることになる。

　結果的に、日本版PFIにおいては、公共が施設を所有するため大規模修繕リスクを民間に移転できないだけでなく、事業破綻リスクまで公共が取らざるを得ない仕組みになっている。

施設調達とサービス調達で異なるPFI事業類型

第10章　施設調達とサービス調達で異なるPFI事業類型

10.1　施設調達の日本とサービス調達の英国で異なるPFI事業類型

　日本の施設調達型PFIの事業類型と英国のサービス調達型PFIの事業類型は似ているようで全く別物である。

　日本の施設調達型PFIにおいては、サービスの定義が明確でないため、結果的に施設整備費を「建設工事費相当のサービス対価」という表現で、モノをサービスとして分類している。モノの購入価格とサービス対価の両方を合わせてサービス対価としており、分類に当たっては、誰がお金を支払うのかという観点から分類が行われている。

　英国の場合は、施設整備費の支払いはなく、全ての支払いがサービス対価であることから、事業の独立採算性に基づいて分類が行われている。

10.2　お金の負担者で分類した日本のPFI事業類型

　内閣府のPFI導入の手引きによると、PFIの事業類型には次の三つがあるとされている。（**図表10-1**）

図表10-1　日本のPFI事業の事業類型

事業類型名	類型概要
サービス購入型	地方公共団体が民間事業者へお金を支払う形態
独立採算型	地方公共団体が民間事業者へお金を支払わず、利用者が料金を支払う形態
ミックス型	サービス購入型と独立採算型を合わせた形態

　ここで留意していただきたいのは、誰がお金を支払うのかによって分類されたものであり、サービス購入型は、サービスという言葉が使われているものの、その支払い対価はサービス料金と定義できない施設整備費も含まれている点である。

10.3　事業の独立採算性に基づいた英国の分類

　英国のサービス調達型PFIにおいては、支払いがサービス料金の前提であることから、独立採算性に基づいて事業を三つに分類している。**図表10-2**に示したように「発注者からの支払いによる事業収入だけで採算が取れる"サービス調達型"」、「利用者のサービス支払いだけで採算が取れる"独立採算型"」、そして、その二つの中間である「利用者のサービス支払いによる収入と公共補助金の両方がなくては採算が取れない"JV型"」の三つの分類である。

図表10-2　独立採算制の違いに基づいたPFIの分類

名称	独立採算制	公共支払いと品質低下リスク	その他のリスク移転／例
サービス調達型	・事業者がDBFOM（設計・施工・資金調達・運営・維持管理）を一括して請け負う。 ・その包括的なサービス対価（ユニタリーペイメント）を発注者が事業社に支払う、サービス購入タイプ。	・サービスが提供できるまで、サービス料金の支払いは行われない。 ・料金支払いは施設利用可能性や付随したサービス受領分であり、不良サービスは支払減額につながる（サービス品質低下リスクの民間移転）。	・サービス期間が決まっているため、サービスの提供開始が遅れると予定通りの料金回収ができなくなる可能性がある（建設遅延リスクの民間移転）。 ・庁舎整備、一般道路建設等に適している（ハコモノではあるが、割賦要素はない）。
独立採算型	・事業者がDBFOM（設計・施工・資金調達・運営・維持管理）を一括して実施することを認められる。 ・一般的にコンセッションタイプと呼ばれ、利用者による利用料金で投資を回収できる事業。	・サービスの提供の有無に関わらず、公共支払いはない。 ・既存公共施設の無償利用や、名目価格売却あり。 ・不良サービス提供は、コンセッション権の剥奪につながる（サービス品質低下リスクの民間移転）。	・契約期間が決められており、施設の残存価値を高くするインセンティブが組み込まれていることが多い（残存価値変動リスクの移転）。 ・有料道路、有料橋、電力事業、上水道事業等が事例として挙げられる。
JV型	・事業者がDBFOM（設計・施工・資金調達・運営・維持管理）を一括して請け負う。 ・利用者料金収入はあるものの、独立採算では運営できない事業であるため、公共からの補助金等が必要な事業。	・サービスが提供できるまで、補助金の支払いはない。 ・補助金支払いは施設の利用可能性や利用者受領サービスに対して行われ、不良サービスは支払減額やコンセッション権の剥奪につながる（サービス品質低下リスクの民間移転）。	・補助金の支払いの条件は、サービス購入型に極めて類似しており、民間へのリスク移転についても同様である（建設遅延リスク等の民間移転）。 ・総合スポーツセンターや、文化センター等がケースとして挙げられる（支払いに割賦要素はない）。

10.4　サービス調達型のPFI

　全ての事業において"サービス対価が支払われるもの"であり、そのサービス対価総額を分離することはできない。そして、施設を所有するのは基本的に民間事業会社となる。日本版PFIのサービス購入型とは支払額内訳も施設の所有者も異なっている。

　"サービス調達型"は事業者がDBFOM（設計・施工・資金調達・運営・維持管理）にて一括請負し、その包括的なサービス対価（ユニタリーペイメント）を

発注者が事業者に支払うものである。

　"サービス調達型"では、サービスが提供されるまで、サービス料金の支払いはなく、料金支払いは施設の利用可能性や受領済みの付随サービスに基づいて算定される。サービス料金の支払いであるため、サービスが開始されても施設整備費は事業者の確定債権にはならない。そして、サービスの質が悪い場合には当初合意したサービス料金の支払減額が発動する。また、サービス期間が決まっているため、サービス提供開始が遅れると予定の料金回収ができなくなる。民間事業者に建設遅延リスクを移転する仕組みには、このようなサービス料金の支払額の減額の仕組みが組み込まれている。

　サービス調達型は、庁舎整備、一般道路整備等が代表的であり、多くのハコモノ事業が当てはまる。

10.5　独立採算型のPFI

　事業者がDBFOMを一括して実施することを認められる（コンセッションと呼ばれる）ものであり、利用者からの利用サービス料金収入だけで事業採算が取れる（投資を回収できる）事業に利用される。既存の公共施設を建て替えたり大規模修繕したりする場合に、既存の老朽化した施設を無償で引き渡されたり、名目上の価格で売却されたりすることはあるが、原則公共からの支払いはない。

　コンセッションは運営権であり、不適切なサービスを提供するとコンセッション権が剥奪されることがある。日本のように、運営権を「みなし物権」として設定し、金融機関が担保として取れるようなものにはなっていない。

　契約期間が終わると公共に対して無償譲渡されると思い込んでいる人が多いが、運営期間中の支払サービス額を抑えるために、契約終了後の残存価値を算定して精算する仕組みを導入しているケースが多い。これは、クルマのローンにおいても一般化されている残存価値の事前合意の仕組みである。

　有料道路、有料橋、電力、上水道、ごみ収集および廃棄物処理事業等、利用者料金で投資を全て回収できるものが独立採算型PFIの例として挙げられる。

　利用者が負担する利用料金（サービス料金）だけで採算が取れるケースであることが要件となる。

10.6　JV型PFI

　事業者がDBFOMを一括請負する点は前の2例と同じである。利用者からの
サービス料金収入はあるが、サービス料金だけでは採算が取れないため、公共に
よるサービス料金の補助金等によって事業採算が取れるようにする仕組みだ。す
なわち、サービス調達型と独立採算型のハイブリッドモデルがJV型PFIである。

　補助金の支払条件は、サービス調達型に極めて類似しており、施設の利用可
能性や利用者から受領したサービス料金に対応した補助金が支払われる。

　民間へのリスク移転についてもサービス調達型に類似している。つまり、施設整
備が遅れれば、コンセッション期間が短縮され、受け取れる事業収入や補助金の
総額が少なくなったり、不適切なサービスを提供するとコンセッション権が剥奪され
たり、建設遅延リスクやサービス品質低下リスク等の民間移転ができる事業であ
る。

　総合スポーツセンターや、文化センター等がJV型PFIの例として挙げられる。

サービス調達におけるステークホルダーの役割

第11章　サービス調達におけるステークホルダーの役割

11.1　官・民・金融機関の役割分担

　サービス調達型PFI事業が機能するためには、サービスの要求水準とモニタリングとサービス料金支払いの仕組みを連動させる必要があり、そのためには、官と民が**図表11-1**のような役割分担をしながら、発注者による仕様書の作成、事業会社による事業提案、金融機関の精査（Due Diligence）を進めることが望ましい。

図表11-1　要求水準・モニタリング・支払機能構築の役割分担

業務内容	公共	事業者	金融機関
要求水準書：サービスの提供方法の見直し方			
要求する機能(アウトプット)を示す	○		
要求する性能(アウトプット)を示す	○		
機能を満たす整備手法や手段を提案する		○	
性能を満たすサービス提供内容を提案する		○	
要求水準が適切であるかどうかについて精査する			○
要求水準が高すぎる場合には発注者にコメントする			○
モニタリング：品質低下リスクの民間への移転			
要求機能をモニタリングする基本的仕組みを作る	○		
要求性能をモニタリングする基本的仕組みを作る	○		
機能のモニタリングシステム構築		○	
性能のモニタリングシステム構築		○	
モニタリングの仕組みが適切であるかどうかを精査する			○
モニタリングの仕組みが改善できる場合はコメントする			○
支払メカニズム：コスト見合いの品質を受け取ることの担保			
機能低下した場合に支払い減額する仕組みを作る	○		
機能低下した場合に請求を減額する仕組みを作る		○	
機能低下した場合の減額の仕組みを精査する			○
減額の仕組みを改善できる場合にはコメントする			○

　発注者である公共の役割は、要求する機能や性能のアウトプットを示し、要求する機能や性能をモニタリングする基本的仕組みをつくり、機能低下した場合に支払減額する仕組みをつくることである。

　事業者の役割は、要求された機能や性能を満たす整備手法やサービス提供内容の提案であり、当該機能や性能のモニタリングシステムの構築であり、機能低下した場合に事業者が自ら請求を減額する仕組みの構築である。

　金融機関の役割は、要求水準、モニタリングの仕組み、機能低下した場合の減額の仕組みが適切であるかどうかの精査であり、適切でない場合には修正コメントをすることである。

　このように事業者が提供するサービスのアウトプットを明確に規定し、モニタリングし、不適切な場合に減額する仕組みは、IHIP特性を有するサービスには適用できるが、確定債務となる施設整備費や、みなし物権となる事業運営権に対して適用することはできない。

　このように、モノを発注するのではなく、サービスのアウトプット（結果）の達成を公共事業発注に組み込む方法が、下記のように1990年に政府調達のガイダンスとして英国で導入された。

　── PFI事業に不可欠なアウトプット仕様書の英国での導入は1990年 ──
　英国政府は1990年に政府調達のガイダンス（CUP Guidance）に、次のようなアウトプット仕様書の考え方を導入した。

　「発注者は達成したい結果（アウトプット）を示し、その結果を導き出す手段や手法などを民間事業会社に提案させる。達成したい結果を仕様書にあらわす場合、要求内容を①機能、②パフォーマンス、③技術の三つの要素を用いて記載することができるが、なるべく、機能とパフォーマンスによる仕様書を作成し、それらを導き出す手段や手法は民間事業会社が自由に選択できるようにすることが重要である。」

11.2　三者間で締結する三つの契約

　サービス調達型PFI事業契約では、**図表11-2**のような三つの契約が締結される。

図表11-2　三者間の契約

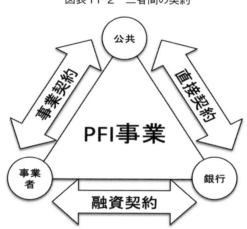

　具体的には、1）公共と事業者間のサービス調達事業契約、2）事業者と銀行間の融資契約、3）公共と銀行の直接契約—の三つの契約である。

　これらの契約を構築するには、どのような作業をすれば良いのか、そしてその内容はどのようなものか、なぜこのような契約が締結されるのかを理解しておくことは重要である。

　契約の内容や目的を間違って設定すると、契約が当初意図していた通りに機能しないばかりか、想定していなかった悪い状況を引き起こしかねない。

　まず、PFI事業の構成メンバーは①「発注者であり、サービスを購入する公共」、②「事業を実施し、サービスを提供する事業者」、③「事業者に資金を融資する金融機関」の3者である。

　それでは、**図表11-3**を参照しながら構成メンバーの役割を見てみよう。

　発注者は、事業を発注し、管理する。事業者は事業を実施する。そして、金融機関は事業を監視する役割を持つ。

図表11-3　構成メンバーの役割

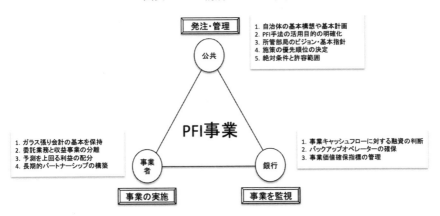

11.3　発注者の役割

　まず発注者が自治体であるとして、その役割を確認しよう。

　自治体は、それぞれ、自治体全体としての基本構想や基本計画を立て、その下にそれぞれの管轄部局のビジョンや基本指針を設定している。PFI事業は長期的な財政支出を伴う事業であることから、当該事業がこの基本構想や基本計画で触れられているはずである。

　次に、自治体の基本構想や基本計画に関連するPFI手法の利用目的を明確にする必要がある。単に行政コストの削減によるキャッシュフローの改善なのか、それとも地域の活性化や資産所得倍増までPFIの利用目的に含むのかによって、施設調達型PFIか、サービス調達型PFIを活用するのかが異なってくる。

　さらに、当該PFI事業が、管轄部局の唯一の事業ではないことが一般的であるため、所轄部局のビジョンや基本指針を明らかにし、PFI事業の管轄部局における優先順位を示しておくことが重要である。

　加えて、実施部局内の施策の優先順位と他の事業の進み具合についても把握して、実質的な優先順位を見極めておく必要がある。

　そして最後に、PFI事業を推進する場合には、どのような絶対条件を事業会社に守らせる必要があるのか、民間事業者は、どの程度まで自由に収益事業を実施できるのかについて、許容範囲を設定しておくことが重要である。

これらのPFI事業化検討の具体的な内容や、その進め方については、**第16章**で後述するPPP事業のプロセスを参照していただきたい。

11.4　事業者の役割

　日本では前提条件になっていないが、官民のパートナーシップを構築するためには、事業会社は、実施する公共事業の事業内容に関するアカウンタビリティは公共セクターと同じであるということを認識した上で、SPCという特別目的会社を設立し、ガラス張りの会計（オープン・ブック・アカウンティング）を基本として運営することが大前提であると理解する必要がある。

　そして、発注者から委託された業務と、自ら収益業務として公共施設内で実施するものは、事業リスクが異なるため、分離して管理することも大前提である。

　さらに、そうやって分離した民間収益事業も、ガラス張りの会計を基本とした経営を行い、予想以上の利益が生まれたときには、その予想を上回る利益は官民で折半するという考え方を理解する必要がある。これは、収益事業を行う施設が、公共施設であり、契約時に発注者が認可するのは、事業会社が計画している収益率での収益事業を実施することにあるからだ。民間収益事業の実施も認めるが、その計画を基に、発注者の費用負担が決まることから、民間収益事業が予測を上回る利益を上げる場合には、当初事業会社が予測していた利益を上回る部分は官民で新たにその配分を検討すべき項目となる。

　このような考え方に基づいて、官と民による長期的なパートナーシップを構築することが重要であり、そのためには、事業契約締結時にはガラス張り会計のルールを合意しておく必要がある。

　相場の借地料を支払い、民間事業者による独立した開発事業として、民間が投資を行い民間収益事業を独立して実施することができる場合は、その民間事業会計を非公開にしても問題はない。しかしながら、公共施設を利用した収益事業や、公共施設と合築して収益事業を行う（BOT方式）の場合には、その施設は公共施設と見なすべきである。従って、民間の自由裁量で施設を利用することができるとか、民間の収益事業の内容を公共に対して公開する必要性はないと考えることは適切ではない。

　BOTという契約は、民間に施設の不具合リスクを移転するために、発注者が

契約期間中のみ民間に施設を所有させているのであって、施設の利用目的は、公共目的にのみ使うことに限定することもできる。しかも、要求通りに施設提供サービスが行われた場合にのみ施設提供サービス料金を支払うという契約であって、民間事業会社に施設を自由に使わせることを認めたものではない。民間事業者は、この点を認識しておく必要がある。

11.5　銀行（金融機関）の役割

　事業会社の施設提供サービスおよび維持管理運営サービスが適切に行われない場合には、発注者が事業者に対して支払う額が減額される。このことから、金融機関は、融資契約締結の段階で、事業会社に発注者の要求した通りの事業運営能力があるかどうか、事業キャッシュフローを担保として融資することができるかどうかを精査する。

　銀行は、運営が始まってからは、事業内容の監視を行い、いざというときのバックアップオペレーターを内定しておくことが必要かもしれない。

　また、銀行は、事業会社の月次報告書の中に含まれている主要業績指標（KPI）の監視を常に行い、必要に応じて事業介入する。それは、事業キャッシュフローが生み出す事業価値が損なわれないように運営されなければ、融資が回回収できなくなる可能性があるからである。この点において、発注者と金融機関の利害は一致していることから、直接契約が結ばれるのである。

　日本型PFIの中には、施設整備費を割賦払いで支払っているため、金融機関が事業を監視する役割が実質的に機能していない事業が数多く見受けられる。実質的に機能していないというのは、契約上は、事業介入する権利を金融機関に与えていたとしても、金融機関に融資の焦げ付きリスクがない割賦払いでは、金融機関が事業介入するインセンティブはないからである。

　一方、事業価値が変動する債権が融資の場合、事業運営上の問題が発生した場合に放置しておくと、金融機関にとっての優良融資案件が不良債権化する可能性がある。そのため、そうなる前に金融機関に事業介入させる権利を与えるのが、発注者と金融機関との直接契約である。この仕組みが組み込まれた事業枠組みになっていることを確認した上で直接契約を締結しなければならない。

　融資における担保が、債権となるか物権となるかによってリスク移転ができるかど

うかが異なってくることについては、「第9章　モノとサービスで異なる融資における担保」で説明した。

公共、事業会社、金融機関のパートナーシップ

12章　公共、事業会社、金融機関のパートナーシップ

12.1　事業構成メンバーは具体的に何をするのか

さて、それでは、それぞれの構成メンバーが、それぞれの役割を認識できたと前提しよう。そのような認識の下に、それぞれが具体的にしなければならない業務とはいったいどのようなものであろうか。

まず、公共セクターの業務から見ていこう。

サービス調達型PFI事業を機能させるためには、**図表12-1**のように発注者はサービスとして要求する要求水準書の項目とそれぞれの要求水準を明らかにする。その上で、要求したサービス項目をどのようにモニタリングするかを決める必要がある。そしてサービスのパフォーマンスについてのモニタリング結果を支払いと連動させるメカニズムを示す必要がある。

さらに、サービス提供契約書の内容を決め、長期間にわたって事業内容を柔軟に調整する仕組みを構築しておく必要がある。このような事業枠組みをしっかりと構築した上で、事業会社の事業提案をどのように評価するかを設定する。

次に、事業者の業務を見てみよう。

図表12-1　構成メンバーの業務分担

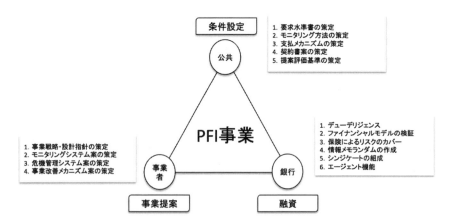

　事業会社は発注者のサービス提供に関する要求に対しての提案を行うに際して、事業戦略、設計指針などを立てなければならない。そして、サービス料金支払いの仕組みと連動したモニタリングシステム案を策定する。また、緊急時の対応や危機管理システム案の策定も必要となる。そのような、運営上のルールの設定の後は、長期にわたる事業の改善メカニズム案の検討も忘れてはならない。

　最後に、金融機関の業務はどのようなものであろうか。

　金融機関の最も重要な役割は、事業会社の提案を精査することである。精査をする際には、ファイナンシャルモデルを検証したり、リスクをヘッジするために保険会社との連携を行ったりする。精査の結果、事業の採算性や安定性が確認できれば、情報メモランダム[3]の作成、シンジケートの組成等を行い、事業会社に対して融資する[4]。金融機関の役割として忘れてはならないことの一つに、もし、公共セクターが要求している要求水準が高すぎたり、減額の仕組みが不適切であることによって、融資ができない場合には、その不適切な要求水準や減額の仕組みについて第三者としての観点から、修正を求めることがある。

　以上が、それぞれの構成メンバーの業務内容の概要である。特に、発注者が適切な条件設定をすることができない場合には、事業会社の提案も発注者にとって満足のいかないものになるし、その結果、良い融資条件が付かなくなる可能性もあるので留意が必要である。

　発注者が示す条件設定の中に、発注者の主観によって達成の有無が左右されるような要求項目が含まれている場合に、金融機関からの指摘があった時には、これらを排除することが重要である。

3　PFI事業のような大規模融資が必要な場合は、複数の金融機関によるシンジケート団が組成される。この組成を促すために主幹事銀行が事業に関する情報を全て記載するものを情報メモランダムと呼び、事業のストラクチャーおよび精査の全過程が示される。

4　事業者と主幹事（銀行）が融資契約を締結するのであり、主幹事はそのエクスポージャーの分散を図るためにシンジケートから融資を受けるが、この融資契約の交渉と、シンジケートの組成は同時並行して行われるのが一般的である。

12.2　適切なリスク配分

　以上のような仕組みを構築すると、官民および金融機関のそれぞれが適切なリスクを取るスキームが**図表12-2**のように成立する。

図表12-2　PFI事業の適切なリスク配分

　公共は、事業リスクを受け入れるか、許容レベルに落とすか、第三者にリスク移転するか、リスクを引き起こす活動そのものをやめてしまうかを選択することができる。PFI事業では、第三者へリスクを移転することによって価値を生み出せるリスクを民間に移転する。そして、移転できずに公共に残った残余リスク（レジデュアルリスク）は、そのまま受け入れる。

　事業者は、設計リスク、建設リスク、運営リスク等の移転リスクを適切に管理することが求められる。リスクを移転された事業者は民間ノウハウやイノベーションを用いて、リスクのネガティブな要素をポジティブなチャンスに変換する。このリスクをチャンスに変えることができたときに、公共のVFMの向上と事業者利益の向上を同時に達成することが可能になる。そして確実にプラスのキャッシュフローが生み出される。

　金融機関はこのキャッシュフローを担保として融資を行うのである。ただし、そこには融資リスクがある。そのため、キャッシュフローを管理することでその事業価値を保つのである。そしてもし、何らかの運営上の問題が生じた場合には事業介入して事業を立て直すことになる。

　以下この項目に関連して、リスクについて触れておくことにしよう。

12.3 リスクの概念

　日本では、リスクというと、「リスクヘッジ」や「リスク回避」などという言葉に代表されるように、そのネガティブな面に焦点が当たりすぎている[5]。

　1999年に公表された英国財務省のPFIタスクフォースガイダンスでは、「リスクは“事業の目的を達成するに当たって生じる不確かな事象や状況”」として規定されていたが、2004年10月に同じ財務省が発行したThe Orange Book（リスク管理の理念と概念を記載した政策書類）によると、「リスクとは行動や行事に伴う将来の成果の不確実性であり、ポジティブなチャンス（機会）もネガティブな脅威のどちらも含まれたもの」であり、そして、そのリスクは、「何かが起きる可能性」と「もしそれが実際に起きたときの影響」の組み合わせによって評価できるものであると定義され直した。

　この定義からリスクについて次の三つの特徴が分かる。

1. リスクは行動に起因して生じるため「何もしなければリスクは存在しない[6]」ということ。
2. リスクにはネガティブな要素だけでなく、ポジティブな要素が含まれること。
3. リスクは定量化が可能であること。

　リスク管理とはこのようなリスクの特徴に基づいて構築された管理手法である。

　従来の公共リスクを民間に移転した場合、そのリスクをうまく管理することで、コスト削減ができる可能性がある。この場合、そのコスト削減の半分を公共のVFMとして、残りの半分は民間の利益とすることでWIN-WINの関係が構築できるという考え方を受け入れることが重要である。

5　平成27（2015）年12月18日に施行された内閣府の「PFI事業におけるリスク分担等に関するガイドライン」では、「選定事業の実施に当たり、協定等の締結の時点ではその影響を正確には想定できないこのような不確実性のある事由によって、損失が発生する可能性をリスクという」と記載されている。

6　何もしないことによって、問題が生じることを不作為のリスクと呼ぶが、それをどう捉えるのかという疑問に対しては、「その不作為は、既に行われている何かに対して必要であった作為をしないという判断をしたことによって生じた影響であることから、既に行われていた何かから、もしくは、既に行われていた何かに対して必要であった作為をしなかったことから生じたリスクである。全く何も行わなかったことから生じたリスクではない」と説明できる。

12.4　従来型調達と公共のリスク管理手法

　従来、公共事業の発注においては、設計リスクおよび運営リスクを公共が取り、民間には施工リスクのみを取らせていた。これは、民間事業者が施工リスクを取れるからであり、公共事業のリスク対処方法の原則は、「リスクの全面受け入れ（タイプ1）」と「リスクの全面回避（タイプ2）」のどちらかであった。タイプ1とは、公共セクターは公共として行う必要があることを実施して、その結果は全て受け入れる。つまり、「リスクを容認する」方法であった。ただし、この方法は、意識してリスクを取っていたわけではなく、単にリスクを意識せずに（楽観的に）対処していただけかもしれない。そして、タイプ2とは、公共セクターのリスク回避手法として意識的に使われる「リスクが発生する可能性がある行為そのものをやめてしまう方法」[7]であった。

図表12-3　公共リスクの対処方法

内部／外部	公共事業のリスク対処方法	従来型／NPM型
内部処理	**タイプ1：リスクに対する積極的な対処方法（意識していない可能性もある）** ー　必要な業務を行い、そのリスクを全面的に受け入れる　ー	従来型
内部処理	**タイプ2：リスクに対する保守的な対処方法** ー　リスクのある行為そのものをやめてしまう　ー	従来型
外部委託	**タイプ3：タイプ1とタイプ2の中間的な対処方法** ー　リスクに適切に対処し、受け入れ可能なレベルまでリスクを制限する　ー	NPM型
外部委託	**タイプ4：内部でリスク対処をせずに外部を活用する方法** ー　最もリスクを適切に管理できる者に、リスクの管理を委託する　ー	NPM型

　現在は、これらの二つのタイプ以外に、新たな公共管理手法であるニューパブリックマネジメント（NPM）の導入に伴って新しい二つのタイプが追加されている。一つは、**図表12-3**のタイプ3「リスクを許容可能なレベルにまで低減する方法」であり、もう一つは、タイプ4「自分よりもリスク管理がうまい第三者にリスクを移転する方法」である。

　図表12-3は、この四つのタイプのリスク管理方法を2パターンで分類したものを

7　タイプ1は、公共セクターは保険をほとんど利用していなかったことに代表され、タイプ2は一つのセクションに長期間従事することにより業者との癒着や不正取引が生じるリスクを回避するために、一つのセクションに長期間従事させないという人事ローテーションに代表される。

示している。一つは、内部管理と外部委託に分類する方法であり、もう一つは、従来型かNPM型かによって分類する方法である。

この二つのNPM型の管理手法の内、タイプ3では発注者がその管理ノウハウを向上させる必要があり、タイプ4は外部のノウハウを向上させ続ける必要がある。しかしながら、技術が進歩し、モジュール化が進んでいくと、技術のブラックボックス化や、互換性の問題等が発生し、発注するために理解しなければならないノウハウが凄まじいスピードで複雑化していく。このような環境の中で、施設整備を発注する機会の少ない公共の担当者が、タイプ3やタイプ4で活用される最新ノウハウについて事業者と渡り合うことは容易ではない。

タイプ3や、タイプ4においては、一般的に投資を伴わない外部委託の場合には契約期間の制限もある。例えば、PFI事業においては30年と長期契約が可能であるが、指定管理者制度では、契約期間は3年もしくは5年程度が適切であろうと言われており、市場化テストの場合も10年を限度とするように決められている。

このような状況の中で、規模が大きくなく、内容がそれほど複雑でなければ、タイプ4として5年程度の事業までなら従来型調達として外部委託が可能であろう。

ところが、事業が複雑化し、技術が高度化し、投資が必要となり、連鎖発生するリスクが大きくなると、発注担当者の判断だけでは事業計画を立てることが難しくなってくる。

サービス調達型PFI事業とは、このような複雑化した事業において、発注者としてのノウハウだけでは対処できないリスクを民間に移転するために民間に投資させ、施設の機能をサービスとして購入するタイプ4の仕組みである。

12.5　民間のリスク管理手法

さて、英国の公共セクターのリスク管理については、公共のリスク管理ガイドラインであるThe Orange Bookに、"リスクを管理する責任を、リスクを最も適切に管理できる者に委ねる"という考え方が記載されている。

それでは、公共から民間事業者に対してリスクを含んだ業務委託が提示された際に、民間事業者はどのように対処するのであろうか。

民間事業者は、自らのコア業務に関わる業務を、公共事業の外部委託事業として受託する。従来は公共と同様に四つの選択肢（タイプA：コア業務のリスク

に対する積極的な対処方法、タイプB：コア業務以外のリスクは受託しないという保守的な対処方法、タイプC：タイプAとBの中間的な対処方法、タイプE：内部でリスク対処をせずに外部を活用する方法）で対応していたが、NPMが導入されて以降は、公共の発注形態が変わったため、これに加えて**図表12-4**で示したようなタイプD（コア業務のリスクを自らの力でなくしたり緩和する対処方法）とタイプF（コア業務以外のリスクも、協力者を使ってなくしたり緩和する方法）の選択肢が増えてきた。

図表12-4　移管されたリスクの民間対処方法

内部／外部	公共事業の外部委託を受託する際のリスク対処方法	受動的／能動的
内部処理	タイプA：　コア業務のリスクに対する積極的な対処方法 — 委託された業務を言われた通り実行し、リスクを全面的に受け入れる —	従来型
内部処理	タイプB：　コア業務以外のリスクに対する保守的な対処方法 — リスクのある委託業務は受託しない —	従来型
内部処理	タイプC：　タイプAとタイプBの中間的な対処方法 — リスクに適切に対処するが、許容範囲を超えた場合は発注者に相談する —	従来型
外部委託	タイプD：　コア業務のリスクを自らの力でなくしたり緩和する対処方法 — 懸念するリスクを回避できるイノベーションやブレークスルーを自ら導入 —	NPM型
外部委託	タイプE　内部でリスク対処をせずに外部を活用する方法 — 最もリスクを適切に管理できる者に、リスクの管理を委託する —	NPM型
外部委託	タイプF　コア業務以外のリスクも協力者を使ってなくしたり緩和する方法 — 懸念するリスクを回避できるイノベーションやブレークスルーを委託する —	NPM型

　この背景には、それまでは、具体的な対処方法まで規定された通りに行うことを前提として価格競争のみで受託してきたが、アウトプットのパフォーマンス責任を取るサービス調達モデルが増えてきたことがある。発注形態がサービス調達に転換されることによって、「リスクを受身的に管理するのではなく、プロセスのBPR（ビジネスプロセスリエンジニアリング）によって積極的にリスクをネガティブな要素からポジティブな要素に変換する方法」が利用できるようになったからである。リスク変換するために、民間事業者はプロセスの見直しを行ない、懸念するリスクが発生しないように従来用いられていなかった新しい事業解決手法（イノベーション）を利用したり、飛躍的発想による解決方法（ブレークスルー）を導入したりするようになった。民間資金を利用してVFMを生み出すPFI事業は、この民間事業者の積極的なリスク管理方法によって成り立っている。

　英国で選定されたサービス調達型PFI事業の提案内容の事例として、警備体

制を抜本的に見直したPFI事業がある。従来の調達においては、警備室の設計や、警備員の人数を設定していたのに対し、サービス調達型によってアクセス方法や出入室管理方法の見直しができるようになった。そのため、ある時刻以降にはアクセス不要な施設を集約する形で設計を行い、時間になるとその特定エリアをシャッターで閉鎖することにより、警備関連の投資および運営上のコストを大幅に削減することができるようになった。この方法によって、従来施設に複数存在していたアクセス数も削減され、通常の運営時間帯においても出入室管理が容易になった。この特定エリアのシャッターによる閉鎖管理方法は、管理上のサービス品質も向上させたブレークスルーの事例として高い評価を受けた。

12.6　PFI事業の三位一体とは何か

　前述の要素を包括的にそれぞれの構成メンバー間で合意し、バランス良く契約締結ができたときに、発注者はVFMを向上させ、事業会社は収益が確保でき、金融機関は確実に融資が回収できる状態になる。

　具体的には、公共が事業の発注に際して適切な条件設定を行い、事業会社は適切な事業提案を出す。金融機関は、その事業会社提案を評価し、精査の結果適切であると判断した場合には融資が実行され、事業が成立する。発注者はその事業を管理し、金融機関も事業価値の変動を監視するというサイクルである。

　事業契約、融資契約、直接契約の三つの契約は、**図表12-5**のようにPFI事業に関与する構成メンバーを結び付ける役割を果たすのである。

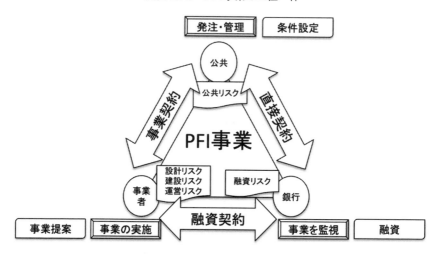

図表12-5　PFI事業の三位一体

12.7　それぞれの構成メンバーの業務分担

　以上で、構成メンバー間の関係や役割等の概要が明らかになったと思う。

　それでは、次にサービス調達型PFI事業が機能するために必要な、それぞれの構成メンバーの具体的な業務内容について見てみよう。

12.8　公共セクターの業務

　まず、公共セクターは、①事業に関連したサービスのアウトプットとしての要求を仕様書に適切に落とし込み、②モニタリングの方法や③サービス料金の支払いの仕組みの基本的な考え方を設定する。

　発注者は、この業務と並行して、④民間事業会社提案をどのように評価するかについての評価基準の設定なども行う（**図表12-6**）。

　公共が策定するサービス提供に関連した要求水準書、モニタリングシステム、サービス料金支払メカニズムは、それぞれ独立したものではない。

　サービスのパフォーマンスをモニタリングすることを前提としてサービスの要求水準は策定され、サービス料金の支払いのメカニズムに連動したサービスパフォーマ

ンスモニタリングが行われ、減額を発動させるかどうかの条件についても記載される必要がある。

　サービスの要求水準書は、大きく二つに分けることができる。一つは、施設に関連したサービスの要求水準であり、施設が利用できない状態とはどういう状態であるかを示したものである。そして、もう一つは、施設に付随するサービスの品質に関連した要求水準である。どのような状態が品質低下であるかが分かるように要求を設定する。

図表12-6　公共の業務

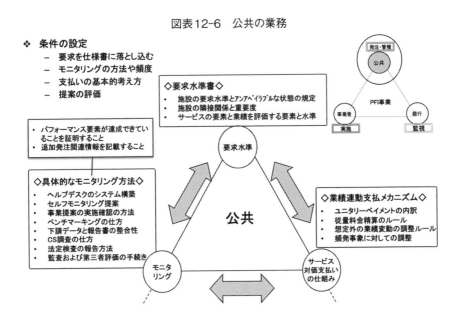

　施設の利用可能性を明確にするためには、施設の隣接関係の説明、施設内のエリアの重要度が示されなければならず、また、サービスのパフォーマンスを明確にするためには、サービスの要素および、評価基準についても明確に設定しておく必要がある。

　以上のようにして設定されたサービスに関連する要求は、モニタリングによって機能および性能（パフォーマンス）を確認する。モニタリングの仕組みは**図表12-6**に記載した1）ヘルプデスクシステム、2）セルフモニタリング、3）機材機器を活

用した自動確認、4）他の類似施設とのベンチマーク比較、5）業務ログと報告書の整合性、6）顧客満足度調査（CS調査）、7）法定検査の証明書、8）監査および第三者評価の八つの方法を用いて証明することができる。また、モニタリングの頻度についても適切に設定する必要がある。さらに、追加発注関連情報についても記載することが求められる。この八つの方法でモニタリングする仕組みは、NHSのアウトプットに基づいたサービス仕様書（第2版）のモニタリングの仕組みであるが、第3版のモニタリングの見直しに伴い、モニタリング手法そのものが変更された。

そのサービスのパフォーマンスのモニタリング結果と支払いを連動させるサービス料金支払メカニズムの構築も、事業発注の前に設定することが重要である。その料金支払メカニズムを構築する際には、支払いの構成要素（ユニタリーペイメントの内訳）の明確化、従量料金精算のルール、想定外のパフォーマンス変動の調整ルール、頻発事業に対しての調整ルール等を検討する必要がある。

これらの内容は、事業分野によって異なり、プロジェクトの特殊要素の影響を受けるため、画一的に規定することはできない。具体的な要件は事業毎に設定することが望ましい。同様に提案を評価する基準についても、事業毎に異なるため、それぞれ個別に設定する必要がある。

発注者はサービス調達型PFI事業の運営を具体的にイメージし、事業提案だけでなく、サービスパフォーマンスのモニタリングの仕組みも一緒に提案させることが重要である。そのためには、発注者としての事業見積もりであるPSC（パブリックセイクターコンパラター）にも、このような要求項目を反映させて、導入可能性調査段階から検討を始めることが望ましい。

12.9　事業会社の業務

次に事業会社は、発注者の設定した枠組みの中で事業提案を行う。

仕様書には、要求されるサービスのアウトプットが記載されているため、そのアウトプットを達成するための手段や手法は**図表12-7**のように事業会社が検討して提案する。

サービスの要求水準が達成されているかどうかのサービスパフォーマンスのモニタリング方法についても発注者が設定し、事業会社が具体的なモニタリングの仕

組みの構築について提案する。

　また、事業会社はサービスの品質低下が起きないように、品質改善の仕組みを取り込んだ提案をすることも求められるので、これらを提案に含めて提出する。

　発注者も入札という競争環境を利用して、事業会社に運営段階で必要な提案を全て提出させることが重要である。そのためには、発注者は、事業会社に対して、どのような提出物をどの段階で提出する必要があるかを明確にしておく必要がある。

図表12-7　事業者の業務

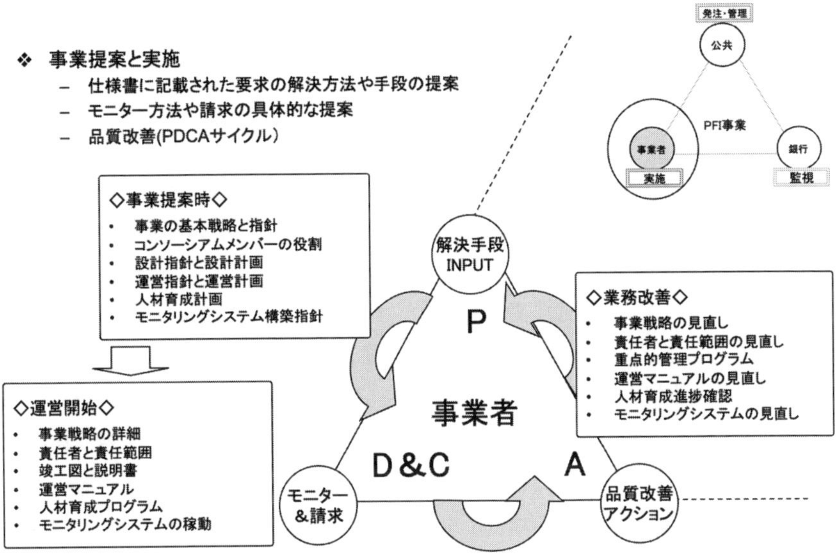

　事業提案時に民間事業会社に提出することを求める資料としては、①事業のサービス提供に関わる基本戦略と指針、②サービスを提供するコンソーシアムメンバーの紹介と役割、③サービスを提供する機材機器の設計指針と設計計画、④サービス提供事業の運営指針と運営計画、⑤サービスの品質を確保するための人材育成計画、⑥サービスパフォーマンスを測定するモニタリングシステム構築指針等が重要なものである。

　選定された事業会社に、施設整備期間中にこれらの内容を開発させ、運営開

始までに①サービス提供に関わる事業戦略詳細、②サービス内容毎の責任者と責任範囲、③サービスを提供する施設の竣工図と説明書、④サービス関連運営マニュアル、⑤サービス提供人材育成プログラム、⑥サービスパフォーマンスモニタリングシステム等の提出を求めることが重要である。

また、事業を継続改善することと、契約内容に柔軟性を与えるために定期的に業務改善に関しての計画案を出させることも重要である。そのため、契約内容には①サービス提供に関わる事業戦略の見直し、②サービス内容毎の責任者と責任範囲の見直し、③サービス提供施設の重点的管理プログラム、④運営マニュアルの見直し、⑤サービス提供人材育成進捗状況報告と人材育成プログラムの見直し、⑥サービスパフォーマンスモニタリングシステムの見直しなどを含めておくことが望ましい。

施設整備型PFIでは、民間事業者は、モニタリングの仕組みの構築にはコストがかかるため、モニタリングの仕組みが評価対象であれば提示するが、求められなければ提示しない。それは、なるべく評価されない提案内容は作成せず、見積もりに含めないという考え方があるからである。ただし、サービス調達型のPFI事業を構築するためには、発注者にとってだけでなく、事業会社にとってもサービスパフォーマンスのモニタリングシステムを提案することは重要となる。なぜなら、客観的な減額の仕組みが構築できなければ、(減額を反映させた) 実際の入金額の予想が立たないからである。つまり、「発注者の主観的な判断で減額されるような仕組みになっている事業」と、「客観的な要素で事業会社の管理可能なサービスパフォーマンスに関連する項目がモニタリングされ支払いと連動している事業」があった場合は、事業者にその事業管理能力がある場合には、明らかに後者の資金調達コストが低くなり、これが事業者にとってのメリットとなるからである。

12.10　金融機関の業務

金融機関は、サービスを提供する事業会社に融資を行い、サービス提供事業のキャッシュフローが生み出す事業価値を落とさないように事業監視する必要がある。

金融機関は、**図表12-8**のように事業契約段階で、事業収益性や事業安定性について精査を行い、満足のいく状態であれば融資契約を締結する。

この事業価値を評価する項目として①事業用地の適切性、②必要な専門性の

設計条件、③ゼネコンの実績と適切性、④技術関連リスクの分析結果、⑤建設費と予備費の配分の適切性、⑥建設スケジュール、⑦建設と運営の許認可、⑧事業の特殊要素（例えば原料供給等）の適切性、⑨マネジメント体制・人事評価、⑩運営上の前提条件の将来予測、⑪運営および維持管理コスト予測—等[8]の項目が挙げられる。

図表12-8　金融機関の業務

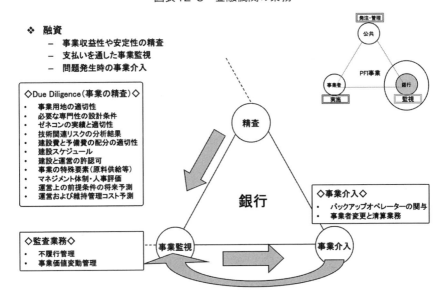

通常融資をした金融機関の口座を通して取引が行われるため、金融機関は、サービス提供事業の監視を行い、事業価値が変動していないかどうかを確認することができる。

　サービス提供事業の運営開始後に、要求水準を満たさない不履行事象が多く発生し、既存のオペレーターでは事業価値を維持することができないと判断できる場合には、金融機関が事業に介入し、事業のオペレーターおよび下請け業者など

8　『プロジェクトファイナンスの理論と実務』（エドワード・イェスコム著、金融財政事情研究会）

を変更して、事業価値を維持または向上させるという行為に出ることもある。

　発注者は、金融機関が事業を精査する項目となぜそのような項目を評価するのかについて十分に理解した上で、どのような条件設定が、民間事業会社の融資に影響を与えるかを検討すべきである。

　そして、事業契約の中から発注者の主観によって事業会社への支払いに影響が出るような項目を排除し、客観的に事業の採算性や安定性が評価できるような仕組みにすることが重要である。

要求水準書、モニタリング、支払メカニズムの連携

第13章　要求水準書、モニタリング、支払メカニズムの連携

それでは、具体的なサービス提供に関連する要求水準・サービスパフォーマンスのモニタリング・サービス料金支払メカニズムの連動のさせ方を説明しよう。

13.1　要求水準書、モニタリング、支払メカニズムの関係

まず、全体の枠組みについて説明する。

発注者は、やってもらいたいことのリストではなく、サービスのパフォーマンスがモニタリング可能で、サービス料金の支払メカニズムに連動させることができる要求要素を整理する。そして、それぞれの要求要素にサービスパフォーマンスのモニタリングシステムとサービス料金の支払メカニズムを連動させる。

図13-1は、サービスの要求水準とサービスパフォーマンスのモニタリングシステムとサービス料金の支払メカニズムを連動させたイメージ図である。

図表13-1　要求水準書、モニタリング、支払メカニズム連携のイメージ

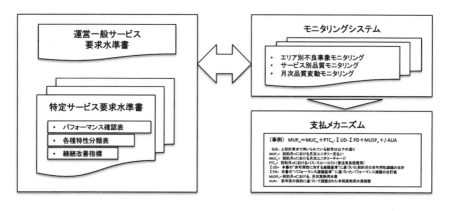

この仕組みを構築するのは募集要項策定段階であり、事業者が要求水準書を満たした事業概要と、その支払いメカニズムと連動したモニタリングシステムを提案し、その提案の適切性について金融機関の精査に合格した場合、この仕組みが最終的に3者の合意として成立する。

それでは、要求水準、モニタリングシステム、支払メカニズムをどのようにして作っていくかについて具体的に説明しよう。

13.2　要求水準書の役割

サービス提供に関連する要求水準書には次のような三つの役割がある。

（a）目標値としての役割：

　　サービス提供に関連する要求水準書とは、発注者と事業者がどのような目標を達成すればよいかについて合意するために必要なIHIP特性を反映させたサービスの水準とその条件を明確に示したものであり、その要求が満たされていないことに起因したネガティブな影響を顕在化させないために必要な要素に対する最低限の要求である。

（b）改善の触媒としての役割：

　　要求水準書とは、サービス提供者がサービスを改善することにインセンティブを与える管理可能な複数のパフォーマンス目標値を含んだものであることから、IHIP特性を反映させたサービス要求が満たされてない事象に対して適切な対応が取られなかった場合は、たとえ、ネガティブな影響が顕在化してなくても品質低下として減額すべきである。

（c）フィルターとしての役割：

　　要求水準書とは、モニタリングや支払メカニズムと連動し、IHIP特性に起因した不具合や品質低下であるかないかを判断するフィルターとしての役割を持ったものであることから、その要求内容はモニタリングが可能で、しかも減額発動プロセスおよび減額算定のメカニズムと連動している必要がある。

　要求水準書を作成する場合には、これらの要素を含ませることを念頭におきながら作業をすることによって、要求水準、モニタリング、支払メカニズムの三位一体の仕組みを構築することが可能になる。

13.3　リスク移転メカニズムの一つである要求水準

　前述した三つの役割を機能させるメカニズムが二つある。一つは、サービスの品質変動リスク移転のメカニズムであり、もう一つは、特定エリアの不具合リスク移転のメカニズムである。前者のサービスの品質変動は、サービス提供と直接的に連動しているため分かりやすいが、後者の特定エリアの不具合リスクについては、当該エリアが利用できなかった場合に減額される金額を、当該エリア毎の重要性や広さに応じたユニタリーチャージ（サービス料金）に対する減額割合として事前に提示することで、サービス品質変動リスクであることを明確化する。

13.4　サービスの品質変動リスク移転のメカニズム

　まず、サービス品質変動リスクを移転するメカニズムに含まれる要求水準とは、サービス提供に関わるネガティブな影響を顕在化させないための最低限の要求である。

　このサービス要求を設定するためには、まず当該サービスに関連するネガティブな影響を顕在化させる要素を分析し、その要素毎に要求水準を設定することが有用である。

　そして、この当該サービスに関連するネガティブな影響を顕在化させる要素が要求水準を下回った場合には、たとえネガティブな結果が生じていなくても、それをネガティブな影響の顕在化と見なすことが重要である。

　例えば、ヘルプデスクを設定し、ヘルプデスクに連絡をすれば、全ての問題が解決できるようにワンストップサービスとして構築することを事業者に求めているとする。その場合、事業者は、全ての組織の利用者にヘルプデスクの利用方法を通知する必要がある。そのためには、ヘルプデスクの利用方法を事業者がサービスを提供する30日前までに提示し、発注者の合意を得ることを要求水準書に記載する。

　従ってヘルプデスクの利用方法が提示されていなかったり、ヘルプデスクの利用方法が周知されていなかったりすれば、不具合が生じていなくても、ネガティブな影響の顕在化と見なすのである。

13.5　施設の特定エリアの不具合リスク移転のメカニズム

　もう一つの特定エリアの不具合リスク移転のメカニズムに関する要求水準とは、施設に関連したネガティブな影響を顕在化させる事象が発生した際に事業者に求める要求を設定したものである。

　施設はさまざまなエリアから構成されており、それぞれのエリアは重要度が異なることから、同じ事象が生じたとしても、その重要度に応じて異なった対処方法を取る必要がある。エリアの重要度に応じた対応基準を設定することで、エリアに影響を与える同一の不良事象が発生したとしても、それぞれのエリア毎に異なった対応ができるようになる。そして対応基準に適切に対処して要求水準を回復できた場合には、それをネガティブな影響の顕在化とは見なさないことが重要となる。

　一方、適切に対処しなかったり、適切に対処できなかったりした場合には、悪い影響が生じなくてもそれをネガティブな影響の顕在化と見なす。

　このようにネガティブな影響を顕在化させる要素の水準を決定する際には、モニタリングが可能で、しかも減額発動プロセスおよび減額の算定と連動が可能になるように設定する必要がある。

　例えば、施設毎に清掃の頻度およびサービスレベルを設定しておき、適切な清掃ができていない施設は利用不能とする。病院のような施設の場合、手術室、待合室、看護ステーション、病室、清掃道具倉庫等の異なった重要度分類が設定可能であり、清掃内容も異なることが分かるはずだ。手術室のような重要度の高い場所で清掃が終わっていない場合は、発見されたら即利用不能状態であると規定できるし、病室の清掃が終わっていない（例えばごみ箱にごみがたまった状態が1日以上続いている）という連絡を、ヘルプデスクに通知してから、1時間以内に対処されれば、適切な清掃サービスができていると、事後対応を認める対応許容時間を規定することもできる。

　このような、利用不能な状態を客観的に示す仕組み（P242の演習の不具合減額表を参照）を作ることで、適切なサービスが行われなかった場合の減額メカニズムを設定でき、確実な事業収益の想定ができるようになるのだ。

第14章

サービスに関連する要求水準とモニタリングの解説

14.1　サービスに関連する要求水準のフレームワーク

　前著『脱「日本版PFI」のススメ』では、英国の国民保健サービス機構（NHS）が作成したNHSアウトプットサービス仕様書第2版（以下「仕様書V2」）を紹介した。

　ここでは、NHSが作成した同サービス仕様書第3版（以下「仕様書V3」という）が、仕様書V2からどのように改善されたのかについて説明する。なお、サービス要求水準書には、その要求したサービスのパフォーマンスをどのような手法でどの程度の頻度でモニタリングするのかについても記載しており、ヘルプデスクサービスのように、モニタリングについてのサービスを記載している仕様書もある。

　このサービス要求水準書のフレームワークの背景には、発注者・SPCの本契約と、SPC・専門業者の各種専門契約は、全体的にBack to Backの関係[9]になっている必要があり、SPCが専門的事業リスクを負うべきではないという考え方が適用されている。従って、特定項目を設定する場合には、コンソーシアムのメンバーの構成を想定してサービス要求水準の構成を考えることが重要である。

図表14-1　コンソーシアムメンバーの構成を想定した要求水準書構成

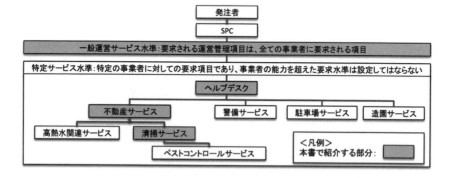

9　SPCが発注者から請けた契約の条件をSPCが専門業者と締結する契約に同様に反映させることによって（背中合わせに権利と義務を相殺することによって）SPCが発注者に対して負う義務を、専門業者に負わせる方法。

14.2　仕様書V2からV3への変更内容の比較

　ここでは、仕様書V2から仕様書V3への改善内容が分かるように説明する。仕様書V3の本文を添付資料とするので、同資料を参考にしながら読んでいただくと、より理解が深まると思う。

14.3　サービス要求水準書の構成

　まず、仕様書は、全下請け業者に共通適用される一般サービス仕様書と、特定専門業者のみに適用される特定サービス仕様書により構成されている。

　仕様書V2では、14種類の公表特定サービス仕様書と、5種類の公表予定特定サービス仕様書、そして5種類の未公表特定サービス仕様書がリスト化された。仕様書V3では、特定サービス仕様書として次の21種類のものが規定され、公開された。

特定サービス仕様書のリスト

1. 不動産サービス
2. グラウンドおよび造園サービス
3. ペストコントロールサービス
4. 高熱水関連サービス
5. ポータリング（郵便配送等）サービス
6. 宿泊施設管理サービス
7. 資材管理サービス
8. 駐車場および交通管理サービス
9. ヘルプデスクサービス
10. 清掃サービス
11. 警備サービス
12. ケータリングサービス
13. 受付サービス
14. テレコミュニケーションサービス
15. リネンサービス
16. 託児サービス
17. 医療機器メンテナンスサービス
18. 廃棄物管理および処理サービス
19. 殺菌サービス
20. 病棟清掃サービス
21. 移動サービス

14.4　それぞれのサービス仕様書の構成要素

　仕様書V2では、一般サービス水準書と特定サービス水準書で、記載項目が異なっていた。また、業務範囲を記載した部分と別に業績要素表が記載され、重複感があり、分かりづらい部分があった。仕様書V3では、一般サービス水準書と特定サービス水準書のどちらも記載項目を統一し、①概要、②用語の定義、③主要目的、④サービスの範囲、⑤特定要求項目、⑥除外項目、⑦継続改善指標、⑧添付資料とした。

図表14-2　一般サービスと特定サービスの記載内容と記載順の見直し

仕様書の種類	V2一般サービス	V2特定サービス	V3一般/特定サービス
記載内容	1. はじめに 2. 用語の定義 3. リーダーシップ 　業績要素表 4. スタッフと開発 　業績要素表 5. 方針と戦略 　業績要素表 6. パートナーシップと 　資源 　業績要素表 　KPI表	1. 用語の定義 2. 主要目的 3. 主要顧客 4. プロセス 　4.1 業務範囲 　4.2 最低サービス要求 　付属資料（サービス 　内容に応じてこの 　部分を変化させて 　要求水準を規定） 　業績要素表 　KPI表	1. サービス概要 2. 用語の定義 3. 主要目的 4. サービスの範囲 5. 特定要求項目 6. 除外項目 7. 継続改善指標 8. 添付資料

記載内容と記載順の見直し

（NHSサービスアウトプット仕様書を参考に作成）

仕様書V3では、記載内容が次のような観点で見直された。

（a）サービス概要

一般サービス仕様書においては、特定サービス仕様書との関連性を示し、特定サービス仕様書においては、仕様書V2の主要目的、主要顧客の部分に記載されていた内容の内、提供するサービスの概要、サービス提供時間、サービスが適用されるエリア等が記載された。

（b）用語の定義

仕様書で利用される用語の定義であり仕様書V2と大きな変更はない。

（c）主要目的

仕様書V2で記載されていた内容は、サービス概要に移動しているため、サービスの目的を再度見直して、新たに追加された項目が多い。

（d）サービスの範囲

サービスの範囲は基本的には仕様書V2と大きな違いはない。

（e）特定要求項目

仕様書V2ではプロセスと業績要素表の二つの部分に分かれて記載されていた内容を、仕様書V3では一つの表にまとめている。必要に応じた追加や削除が行われている。

（f）除外項目

除外項目の範囲は基本的には仕様書V2と大きな違いはない。

（g）継続改善指標

仕様書V2では、特定サービスの場合にヘルプデスクが受けた電話の数や、品質不良数、不良事象数、顧客満足度、スタッフの満足度、1カ月当たりのクレーム数等が含まれていたが、仕様書V3では、一般サービス業務のパフォーマンスを評価する指標は継続改善指標から外された。

(h) 添付資料

添付資料は基本的には仕様書V2と大きな違いはない。

14.5　一般サービス仕様書

以下は、一般サービス仕様書について具体的に変更内容を説明する。

14.5.1　一般サービスのサービス概要

仕様書V2には記載のなかった項目である。仕様書V3では、以下のように二つの仕様書の位置付けが記載されている。

---

2. サービス概要

2.1　この"第1部　項目Bサービスレベル仕様書"は、NHSトラストのサービスレベル仕様書に含まれたものである。

2.2　事業者は、項目Cの特定サービス仕様書に記載されたサービスを提供するに当たり、それに関連する全ての項目Bの要求を満たさなければならない。

14.5.2　一般サービスの主要目的

仕様書V2では、一般サービス仕様書の目的については明確な記載はなかった。仕様書V3の一般サービス仕様書には、主要目的として、全ての民間事業者に以下の八つの点を理解してもらうことが記載されている。全てが一般的な要求となっている点に注意していただきたい。

4. 主要目的

4.1 サービスの提供において、事業会社は次の主要目的を順守する。

a）NHSトラストの運営に対する混乱を最小限に抑えること。

b）安全な労働慣行を活用した安全な環境を維持すること。

c）健全な技術および運用上の要件や基準に基づいた、効率的で迅速な包括的かつ効果的なサービスを提供すること。

d）認識されたリスクを評価し管理するシステムを運営することによって高い水準を維持し、その水準から漏れたものを認識し修正すること。

e）良い業界の慣行を用いて、バランスの取れた組織スタッフ、機材、スタッフ訓練のもとで、効果的な管理システムの活用、明確なパフォーマンス目標の設定、適切なレベルのモニタリングの実施を通して、求められるサービス水準の達成を確実にすること。

f）患者やNHSトラストのニーズの変化、トラストの要求や病因の環境に対応した柔軟なサービスを提供すること。

g）サービス供給およびサービス品質を改善するために、変化・開発・イノベーションの継続的なプロセスと合体した品質確保プロセスの中で働くこと。

h）人間の尊厳とプライバシーを守り、親身で、患者、訪問者やスタッフの要望や期待を満たす患者に焦点の当たったサービスを提供すること。

14.5.3　一般サービスのサービス範囲

　仕様書V2では、仕様書が規定する項目だけでなく、細かい要求内容が本文に記載されていた。そして、添付の「モニタリングと連動したリスト」に当該モニタリング要素が記載されていた。連動していることは理解できたが、重複感があることと、場所が離れているため参照しにくかった。

　仕様書V3の一般サービスに記載されているサービスの範囲は、次のように四つのグループに分けてタイトルのみが記載されている。具体的な内容は要求水準と重要度と復旧許容時間とモニタリングを記載したリストへの記載のみとなり、重複感がなくなったことから見やすくなった。

5. サービス範囲

5.1　一般サービス仕様書は次のセクションに分かれている。

a）リーダーシップの分野

ⅰ）マネジメント

ⅱ）継続改善

ⅲ）パフォーマンスモニタリング

ⅳ）月次報告

b）スタッフと開発の分野

ⅰ）雇用

ⅱ）研修と職務就任

ⅲ）人的資源の課題

c）方針と戦略の分野

ⅰ）法的義務および法律

ⅱ）NHSの要求とトラストの方針

ⅲ）健康安全

ⅳ）品質確保

ⅴ）環境管理

ⅵ）非常事態計画

d）パートナーシップと資源の分野

ⅰ）連絡

ⅱ）トラストの代表者

14.5.4　一般サービスの要求

仕様書V3の要求水準書の記載方法は、仕様書V2からかなり簡素化された。

仕様書V2では、一つのモニタリングの要素に対して、①二つのサービスのタイプ（「施設が利用できないことにつながる不良事象」と、「サービスの品質の低下につながる品質不良」）の区別、②3から5程度のサービスの重要度、③初期対応時間、④復旧許容時間、⑤9種類のモニタリングの頻度、⑥8種類のモニタリング手法を組み合わせて、要求水準表を作成していたため複雑であった（概要は**図表14-3**の上部の図を参照）。

14.5.5　仕様書V2から仕様書V3への内容の変更点

仕様書V3では**図表14-3**の下部の図に記載したように大きく二つの変更をした。一つ目は、一つのパフォーマンスの要因に対してモニタリングの仕組みを一つにしたこと、もう一つは、不良事象だけでなく、品質不良の項目に対しても復旧許容時間を設定したことである。

図表14-3　要求水準書の記載内容の改善（変更の概要）

仕様書V2							
サービス内容を一旦箇条書きにて記載の上、別途、評価表を使って具体的なモニタリングや要求水準を記載する方法							
参照番号	業務要素	サービスの種類	減額ポイント／レベル	初期対応時間	復旧許容時間	モニタリング頻度	モニタリング手法
連番	達成かどうかを判断する要素	不良事象／品質不良	品質重要度／エリア重要度	時間	重要度に応じた時間	9種類の異なった頻度	8種類の方法（複数設定あり）

頻度：1要請に応じて(PR)、2毎日(D)、3週(W)、4毎月(M)、5四半期毎(Q)、6半年毎(H)、7毎年(A)、8継続(C)、9適用せず(N/A)

モニタリング手法リスト：1ヘルプデスク、2提案、3ベンチマーク、4セルフモニタリング、5整合性、6満足度調査、7法規、8監査

簡素化

仕様書V3			
参照	パフォーマンスの要因	未達成重要度	モニタリング手法
連番	サービスパフォーマンスの測定要因をモニタリングできる要素で規定	高重要度、普通重要度、低重要度	1週間、3日、1日、4時間等	モニタリング方法（1種類のみ）

（NHSサービスアウトプット仕様書を参考に作成）

14.5.6　一般サービスのモニタリング手法の変更点

　仕様書V2が画期的であったのは、確認が困難であったサービス品質のモニタリングを、「不適切事象の種類に応じたモニタリング手法」（①ヘルプデスクによるチェック、②提案内容とのチェック、③セルフモニタリングによるチェック、④報告内容と実態の整合性によるチェック、⑤類似施設とのベンチマークによるチェック、⑥顧客満足度によるチェック、⑦法的検査項目によるチェック、⑧監査と第三者評価によるチェックの8種類）で分類することによって、網羅的に確認できるようにしたことであった。

　仕様書V3では、**図表14-4**に示したように、この8種類のモニタリング手法を一つにまとめて簡素化した。ただし、仕様書V3の「パフォーマンスモニタリングによって、それぞれのパフォーマンス要素が達成できていることを証明しなければならない」という文章の背景には、仕様書V2の「パフォーマンスの達成を八つの認識可能な方法（八つの認識方法が網羅的な認識方法という理解）で確認できなければならず、認識できない場合や指標を達成できない場合にはパフォーマンスの未達成と見なされる」という考え方が残っている。つまり、適切なモニタリング手法によって要求水準を満たしているかどうかを検証するという考え方が大きく変更されたわけではない。

図表14-4　モニタリング手法の改善

仕様書V2		仕様書V3
モニタリング手法	不適切事象	
ヘルプデスク	機能不全	パフォーマンスモニタリングによってそれぞれのパフォーマンス要素が達成できていることを証明しなければならず、指標等を満たしていない場合は、達成できていないことになる。
提案項目	未実施	
セルフモニタリング	報告漏れ	
報告内容と実態の整合性	虚偽報告	
ベンチマーク	未達成	
顧客満足度	クレーム	
法的検査項目	法令違反	
監査と第三者評価	資料未整備	
		発注者の追加要求の記録：要求した時間、要求が完了した時間、要求された時間内に完了できたか。

(NHSサービスアウトプット仕様書を参考に作成)

また、モニタリングの頻度も仕様書V2では、①要請に応じて、②毎日、③毎週、④毎月、⑤四半期毎、⑥半年毎、⑦毎年、⑧継続的、⑨適用せず、と9種類に分類していたことから、8種類のモニタリング手法との組み合わせで不適切な頻度設定になることがあったが、この問題も解決できた。

図表14-5　モニタリングの頻度記載方法の改善

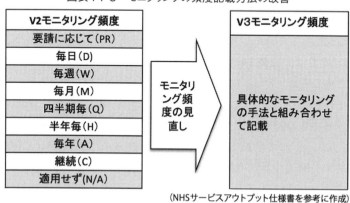

（NHSサービスアウトプット仕様書を参考に作成）

　仕様書V3のモニタリングは次の二つの観点から実施するというシンプルなものである（アラインメント修正）。

（a）パフォーマンスモニタリングによってそれぞれのパフォーマンス要素が達成できていることを証明しなければならない。指標等を満たしていない場合は、達成できていないことになる。

（b）発注者から要求があった場合には、要求された時間、要求を完了した時間、そして、その要求は、要求された時間内に完了できたのかを記録に残さなければならない。

14.5.7　一般サービスの仕様書の変更の例

　図表14-6は、一般サービスの名札の着用を含む項目について、仕様書V2と仕様書V3を比較したものである。

　仕様書V2の「ドレスコードと名札について」の要求水準は「スタッフは適切な服装で承認された社員証バッジを常に着用すること」であった。そして、この要

求水準のモニタリング方法として次の6種類が示されていた。

（a）未着用職員をヘルプデスクに報告する方法

（b）事業者提案通りのバッジであるか確認する方法

（c）着用率を他の施設とベンチマーク比較する方法

（d）セルフモニタリングで報告させる方法

（e）実際の着用状況と報告書の着用状況の整合性を確認する方法

（f）第三者による確認や監査で確認する方法

確かに、名札の未着用職員を確認する方法はいろいろあることは分かるが、これらの全てをモニタリング手法として提示するのは、非常に煩雑な仕組みになってしまう。

仕様書V3では、名札の要求項目のモニタリングは、未実施（IDバッジを付けていないこと）をサービス水準の未達成と見なすことになっている。

さらに、名札を付けていないことを発見されたとしても、1時間以内にバッジを着用すれば、許容時間内の復旧と見なし、減額の対象としないという仕組みが追加された。もちろん、1時間以上バッジを付けていない状態を続けると債務不履行と見なされるのは言うまでもない。

このケースの場合、「スタッフが社員証バッジを就業中に着用しているかどうか」を確認する方法は記載していないが、可能性としては仕様書V2とほぼ同じ内容のままであると考えてよい。

また、仕様書V2では、一般サービス水準書の要求水準に抵触する事象は全てサービス品質低下を意味する"品質不良"と見なされ、即減額ポイントの対象となっていた。しかしながら、仕様書V3では、復旧許容時間が設定され、要求水準に抵触する事象が生じたとしても、適切な時間内に要求水準レベルの状態に復旧できた場合は適切なオペレーションと見なされ、減額対象ポイントの算定から外すことになった。この点も、減額の仕組みの簡素化につながっている。

図表14-6　要求水準書の記載内容の改善（一般サービスの例）

仕様書V2							
16a　全ての事業会社のスタッフが適切な制服および作業着（防護服や靴が要求される場合にはこれを含む）を、適切にかつ見栄えよく着用していることを確認し、自分に割り当てられたタスクに見合った個人衛生の高い水準を維持し、施設内における作業中は常時識別バッジを着用すること。							
参照番号	業務要素	サービスの種類	減額ポイント／レベル	初期対応時間	復旧許容時間	モニタリング頻度	モニタリング手法
例GP16a	事業会社のスタッフは定められた社員証バッジを常に適切に着用すること	品質不良	中	n/a	n/a	常に	1、2、3、4、5、8
モニタリング手法リスト：1ヘルプデスク、2提案、3ベンチマーク、4セルフモニタリング、5整合性、6満足度調査、7法規、8監査							

⬇ 簡素化

仕様書V3				
参照	パフォーマンスの要因	未達成重要度	復旧許容時間	モニタリング手法
GP28	事業会社のスタッフは就業中は常にトラストに承認されたIDバッジを付けなければならない	中	1時間	未実施を未達成と見なす

（NHSサービスアウトプット仕様書を参考に作成）

14.5.8　一般サービスの継続改善指標

　継続改善指標とは、民間事業者に委託する業務の指標ではなく、PFI手法を活用した事業が、継続的に改善しているかどうかを確認するためのものである。

　仕様書V2では、ヘルプデスクへの電話数や、品質不良数、不良事象数、顧客満足度、スタッフの満足度、1カ月当たりのクレーム数等が含まれていた。

　仕様書V3では見直しの結果、**図表14-7**のように前述の業務パフォーマンスを評価する指標については継続改善指標から外された。

　現在は、①スタッフ離職率、②欠勤と傷病休暇率、③一人当たり研修時間、④傷病、疾病、危険事故数、⑤安全／衛生事象報告数、⑥患者環境行動チームの評価点、⑦管理者環境アセスメントツールの評価点、⑧正式なクレームの数を継続改善指標として、テンプレートが作成されている。

図表14-7　一般サービス水準書の継続改善指標

KPI番号	継続改善指標	パフォーマンスの幅		
		緑	黄色	赤
01	月間ヘルプデスクへのコール数	<（　）回	（　）〜（　）回	（　）回<
02	月間不良事象数	<（　）回	（　）〜（　）回	（　）回<
03	月間品質不良数	<（　）回	（　）〜（　）回	（　）回<
04	利用者満足度	<（　）%	（　）〜（　）%	（　）%<
05	スタッフ離職率	<（　）%	（　）〜（　）%	（　）%<
06	欠勤と傷病休暇率	<（　）%	（　）〜（　）%	（　）%<
07	NVQ（国家職業資格）同等以上の有資格者の数	<（　）人	（　）〜（　）人	（　）人<
08	一人当たり研修時間数	<（　）時間	（）〜（　）時間	（　）時間<
09	1カ月当たりのクレーム数	<（　）件	（　）〜（　）件	（　）件<
10	1カ月・100人(WTE)当たりのRIDDOR(傷病、疾病、危険事故)数	<（　）件	（　）〜（　）件	（　）件<
11	1カ月・100人(WTE)当たりのRIDDOR以外の安全衛生事象報告数	<（　）件	（　）〜（　）件	（　）件<
12	PEAT（患者環境行動チーム）による評価点	<（　）点	（　）〜（　）点	（　）点<
13	NEAT（管理者環境アセスメントツール）の評価点	<（　）点	（　）〜（　）点	（　）点<

見直し

KPI番号	継続改善指標	パフォーマンスの幅		
		緑	黄色	赤
01	スタッフ離職率	<（　）%	（　）〜（　）%	（　）%<
02	欠勤と傷病休暇率	<（　）%	（　）〜（　）%	（　）%<
03	一人当たり研修時間	<（　）時間	（）〜（　）時間	（　）時間<
04	1カ月・100人(WTE)当たりのRIDDOR数	<（　）件	（　）〜（　）件	（　）件<
05	1カ月・100人(WTE)当たりのRIDDOR以外の安全衛生事象報告数	<（　）件	（　）〜（　）件	（　）件<
06	PEAT（患者環境行動チーム）による評価点	<（　）点	（　）〜（　）点	（　）点<
07	NEAT（管理者環境アセスメントツール）の評価点	<（　）点	（　）〜（　）点	（　）点<
08	正式なクレームの数	<（　）回	（）〜（　）回	（　）回<

（NHSサービスアウトプット仕様書を参考に作成）

14.6　専門業者が請け負う特定サービスの要求水準書

ここでは特定サービスの要求水準書について変更内容を説明する。

特定サービスは、仕様書V3では21種類の仕様書が策定されており、それぞれの特定サービスの特徴に応じて記載されている。

ここでは特定サービスのうち、次の三つのサービスについての説明をする。

（a）大規模投資を行った施設設備を管理する施設提供サービス

（b）サービス全体を把握し事業体の唯一の窓口となって包括的な調整を行うヘ

ルプデスクサービス

（c）施設設備の管理に付随する清掃サービス

14.7　不動産サービスの要求水準書

以下は、不動産サービスの特定要求水準仕様書についての説明である。

施設を購入するのではなく、施設が持つ機能が必要なパフォーマンスを発揮し続ける状態にするサービスを購入するという考え方が適用される。

14.7.1　不動産サービスのサービス概要

仕様書V2では主要目的の部分に記載されていた項目の一部が仕様書V3ではサービス概要に移動した。仕様書V3では、下記の様に建物、サービスインフラ、機器とメンテナンスの対象を三つに分類して、サービス概要が記載された。

2.　サービス概要

　2.1　事業会社が提供しなければならない不動産サービスの概要

　　a）建物のあらゆる点における管理とメンテナンス

　　b）サービスインフラの管理とメンテナンス

　　c）機器のメンテナンス

　2.2　不動産サービスの提供時間帯：　1日24時間、365日

　2.3　サービスが適用されるエリア：現場のあらゆるエリアに適用

14.7.2　不動産サービスの主要目的

仕様書V2では、仕様書V3のサービス概要に記載されている項目が、主要な目的として記載されていた。

仕様書V3では、新たにa）予防保全的なサービスによる運営、b）事後対応を減少させたスムーズな運営、c）美的要素にも配慮した運営—という三つの新たな運営上の目的と、d）環境に配慮した運営（留意点）が追加された。

---

4. 主要目的

  4.1　事業会社が不動産サービスで満たさねばならない主要な目的

    a) 事業会社は、高品質で、適時な予防保全的な不動産サービスを提供することによって、建物構造、ビルディングサービス、公共衛生・光熱水供給システム、家具および器機からなる施設を完全な状態にすることを確実にすること。

    b) 事後対応を減少させることを確実にするための施設の維持管理業務を行うことによって、発注者の業務をなるべく妨げないようにすること。

    c) 患者やスタッフが健康で満足のいく状態であることが伝搬できるように美学的に満足のいく状態や環境を維持すること。

    d) 施設が地域の環境に対して危害を及ぼしたり人の危害となったりしないように管理すること。

14.7.3　不動産サービスのサービス範囲

　不動産サービスの範囲は仕様書2と仕様書3において大きな違いはない。ヘルプデスクでは、五つの項目であったが、ここでは次の六つの項目を記載している。

---

5. サービス範囲

  5.1　一般サービス仕様書を満たす必要性について

  5.2　本特定サービスを満たす必要性について

  5.3　サービス提供内容について

  5.4　プロジェクト会社の責任について

  5.5　Appendix Eの指針、ガイドライン、指令、規制等の要求順守について

  5.6　サ―ビス提供上の留意点について

14.7.4　不動産サービスの特定要求

図表14-8は、不動産サービスの配員についての要求水準およびモニタリングについて、仕様書V2と仕様書V3を比較したものである。

仕様書V2では「仕様書の要求水順に適した業務遂行と、関連基準や優良な業界慣行によって認められたサービスを行うために、許認可を受けた有能なスタッフを適切な体制で配員すること」という要求水準を、承認された担当者および能力のある担当者によって非常事態に対応できているか、指定された担当者を継続維持しているかによって確認していた。

仕様書V3では、適切な数の①承認された人、②有能な人、③適切な資格を持った人によって管理体制を作ることで、非常時／通常時を問わない要求としており、スタッフは一旦トラストに対して候補者を提出した上で承認される手続きを踏むことになった。モニタリングの結果として、承認されていない人、有能でない人、適切な資格を持ってない人が配置されたことが判明した場合には1時間以内に修正できなければ要求が未達成の状態になることが分かる。

図表14-8　要求水準書の記載内容の改善（不動産サービスの例）

仕様書V2

要求サービス：
SP01 スタッフの資格：仕様書の要求水順に適した業務遂行と、関連基準や優良な業界慣行によって認められたサービスを行うために、許認可を受けた有能なスタッフを適切な体制で配員すること。

参照番号	業績要素	サービス不良	重要度	初期対応	回復許容時間	モニタリング頻度	モニタリング手法
SP01	24時間承認された担当者による非常事態性を維持すること	品質不良	低	N/A	N/A	毎月	1,2,5,8
SP01	24時間有能な担当者による非常体制を維持すること	品質不良	低	N/A	N/A	毎月	1,2,4,5,8
SP01	24時間適切に指定された担当者による体制が維持されること。	品質不良	低	N/A	N/A	毎月	1,2,4,5,8

モニタリング手法リスト：1ヘルプデスク、2提案、3ベンチマーク、4セルフモニタリング、5整合性、6満足度調査、7法規、8監査

簡素化

仕様書V3

参照	パフォーマンス要因	未達成重要度	復旧許容時間	モニタリング手法
	スタッフの能力（コンペテンシー）			
SP03	事業会社はこのサービス仕様書の要求を満たすために、適切な数の承認された人、有能な人、適切な資格を持った人を一般水準で要求されたように、1日24時間、年間365(6)日提供しなければならない。	低	1時間	トラストはいつも事業会社のスタッフ候補者を通知されるものとする。これが未実施の場合は要求の未達成とする。

（NHSサービスアウトプット仕様書を参考に作成）

14.7.5　不動産サービスの継続改善指標

　図表14-9は、不動産サービスの継続改善指標について、仕様書V2と仕様書V3を比較したものである。

　仕様書V2では、①計画通りに実施できたPPM（プロジェクトおよびプログラムのマネジメント）の割合、②運営に影響を与えた資産のダウンタイムの割合、③月間緊急要求未達成対応および緊急リクエスト数がKPIであったが、これらの指標は見直されて対象ではなくなった。

　仕様書V3では、モニタリングの仕組みの中で客観的に算定することができるヘルプデスクの利用者に対して回復許容時間が通知されるまでの平均時間が対象となった。

　この改善については、プロジェクトやプログラムが計画通りであったかどうかの判断、運営に影響を与えたかどうかの判断、不適切な対応や依頼事項であるかどうかの判断が難しいことから、客観的に測定できる時間に変更されたものとと考えられる。

図表14-9　特定サービス水準書の継続改善指標（不動産サービスの例）

仕様書V2		パフォーマンスの幅		
KPI番号	継続改善指標	緑	黄色	赤
K01	計画通りに実施できたプログラムプロジェクトマネジメント割合	<（ ）%	（ ）～（ ）%	（ ）%<
K02	運営に影響を与えた資産のダウンタイムの割合	<（ ）%	（ ）～（ ）%	（ ）%<
K03	月間の緊急時の不適切な対応／依頼事項の数	<（ ）回	（ ）～（ ）回	（ ）回<

見直し

仕様書V3		パフォーマンスの幅		
KPI番号	継続改善指標	緑	黄色	赤
01	ヘルプデスクの利用者に対して修復許容時間が通知されるまでの平均時間	<（ ）分	（ ）～（ ）分	（ ）分<

（NHSサービスアウトプット仕様書を参考に作成）

　なお、不動産サービスは施設整備をするための情報として、各種資料が添付されている。原則として、この部分は仕様書V2と仕様書V3とで大きな変更はなかった。

14.7.6 不動産サービスの添付資料

仕様書V3の添付資料には、以下の項目についての要求水準が記載されている。

添付資料A （建物の外部構造についての例を後述）

 A.1 建物：外壁、内装、備品および建具、床および床材、化粧仕上げ

 A.2 エネルギー / ユーティリティー / インフラサービス

 A.3 専門業者によるサービス

 A.4 機械 / 電気システム：緊急電源供給、低圧および高圧配電システム、温水・冷水システム、暖房・空調・換気システム、電力等のケーブスシステム、公衆衛生および排水システム等、防火機器、エレベーター

 A.5 設計、計画およびプロジェクトマネジメント：計画・ブリーフィング・設計、入札と請負、プロジェクトマネジメント、ファイナンシャルマネジメント、試運転と訓練

添付資料B 初期対応と修復許容時間（初期対応と修復許容時間の例を後述）

添付資料C スペシャリストサービス

添付資料D 機械と電気サービス

添付資料E 順守する必要のある関係法令等

図表14-10 不動産サービスの添付資料A 建物の外部構造の例

要素	水準
建物の外部構造 以下を含む • 外壁 • 屋根、煙突、樋および雨水システム • ガラス • 非常階段 • 歩道、安全柵 • バルコニー • 軒 • 窓のクリーニングクレードル • 軒下 • レンダリング • 照明の導線	• 建物構造、仕上げ、家具、機器もしくはサービスシステム部品の全てが機能し、利用可能であり、（計画書8で特定した建設関連項目 / 施設の現状を維持すること等の）パフォーマンス要求を満たしていること • 安全で防水機能が適切に働いていること • 湿気の浸透や、剥離が起きていないこと • クラッディング（被覆加工）、コーピング（笠石）、パラペット（欄干）が構造的に堅牢で安全であること • 害虫や有害な小動物が潜伏可能なエリアがないこと • 煙突 / 煙道が構造的に安定し、安全であり、煙道が詰まったり、すすがたまりすぎたりしていないこと • 瓦礫が放置されたり、コケが生えたりしていないこと

（NHSサービスアウトプット仕様書を参考に作成）

　建物の外部構造で記載されている要求水準は、「要求を満たしていること」または、「要求を満たしていない状態になっていないこと」という表現で示されることが多い。

　仕様書V2と仕様書V3に大きな違いはなく、以下のような状態がモニタリングで報告されると建物の外部構造が適切な状態ではないと確認されたこととなる。

- 建物構造、仕上げ、家具、機器もしくはサービスシステム部品のどこかの部分が機能していないため、利用可能であると言えず、（計画書8で特定した建設関連項目／施設の現状を維持すること等の）パフォーマンス要求を満たしていない場合。
- 安全でなかったり、防水機能が適切に働いていなかったりすること。
- 湿気の浸透や、剥離が起きていること。
- クラッディング（被覆加工）、コーピング（笠石）、パラペット（欄干）が構造的に堅牢でなく安全性が保てていないこと。
- 害虫や有害な小動物が潜伏可能なエリアがあること。
- 煙突／煙道が構造的に安定しておらず、安全ではなく、煙道が詰まったり、すすがたまりすぎたりしていること。
- 瓦礫が放置されたり、コケが生えたりしていること。

図表14-11は、事業者と合意可能な初期対応時間と修復許容時間である。

図表14-11　初期対応と修復許容時間の例（不動産サービスの例）

仕様書V2		
カテゴリー分類	初期対応時間	修復許容時間
緊急(Emergency)	至急	4時間
至急(Urgent)	30分	24時間
通常（Routine))	2営業日	48時間以内、もしくは臨時修繕が適用された場合には、発注者と合意した完全修復までの時間

見直し

仕様書V3		
カテゴリー分類	初期対応時間	修復許容時間
緊急(Emergency)	30分	4時間
至急(Urgent)	30分	8時間
通常（Routine))	1時間	48時間

（NHSサービスアウトプット仕様書を参考に作成）

なお、「臨時修繕」、「完全修復」、「完全修復までに必要な時間」の定義は図表14-12の通りである。

図表14-12　不動産サービスの添付資料B　初期対応と修復許容時間の例

用語	定義
臨時修繕	完全修復ではないが、安全性を確保した上で、機能の回復ができている状態で発注者が臨時修繕であることを認めた状態。
完全修復	臨時修繕で認められた安全性の確保と機能の回復のみでなく、完全に通常の状態として要求水準を全て満たすことができるようになった状態。臨時修繕から完全修復に切り替えるときは発注者の確認が必要。
完全修復までに必要な時間	発注者の裁量により、減額の対象とならない完全修復までに必要と認められる時間。同じ状況であっても事業者が発注者に対して臨時修繕を求めなければ、最初に設定された修復許容時間が経過した場合には要求水準未達成となり減額の対象となる。

（NHSサービスアウトプット仕様書を参考に作成）

14.8　ヘルプデスクサービスの要求水準書

　以下は、ヘルプデスクサービスについての特定要求水準仕様書についての説明である。

14.8.1　ヘルプデスクサービスのサービス概要

　仕様書V2では主要目的として記載されていた項目の一部が切り離されてここに移動した。仕様書V3では、提供するサービスの概要と、その提供時間帯が記載されている。

2．サービス概要

　2.1　事業会社が提供しなければならないヘルプデスクサービスの概要

　　a）事業会社によって提供される全てのサービスに関わる要求／問い合わせの受付と対応

　　b）ヘルプデスクユーザーへの全てのリクエストに関しての進捗状況の報告

　　c）トラスト（発注者）によって提供される次のサービスに関しての要求についての手続き

　　d）ヘルプデスクサービスの提供時間帯：1日24時間、365日

14.8.2　ヘルプデスクサービスの主要目的

　仕様書V2では、下記に記載した仕様書V3のb）からe）の項目が記載されていた。最も重要な項目、"a）発注者のスムーズな運営を支援するコミュニケーションハブとしての機能"が目的に追加された。

```
4. 主要目的
  4.1　事業会社がヘルプデスクサービスで満たすべき主要な目的
    a）トラスト（発注者）のスムーズな運営を支援する包括的なヘルプデス
       クサービスを提供すること。ヘルプデスクサービスは、既存の発注者
       の方針と完全に統合され、全ての施設管理のためのコミュニケーショ
       ンハブとして機能しなければならない。
    b）効率的で、柔軟性があり、効果的に変動する要求に対応すること。
    c）全てのヘルプデスクユーザーに対して高いレベルの顧客ケアを提供す
       ること。
    d）発注者の便益を最大化できるように資源を組織化すること。
    e）緊急対応コーディネートを堪能に、かつ、プロフェッショナルとして行う
       こと。
```

14.8.3　ヘルプデスクサービスのサービス範囲

　ヘルプデスクのサービス範囲は仕様書V2と仕様書V3において大きな違いはなく、次の五つの項目を記載している。

```
5. サービス範囲
  5.1　一般サービス仕様書を満たす必要性について
  5.2　本特定サービスを満たす必要性について
  5.3　日々のサービス内容について
  5.4　サービス提供の仕組みの構築とその手段について
  5.5　サービス提供上の留意点について
```

14.8.4　ヘルプデスクサービスの特定要求

　仕様書V3の特定サービスの要求水準書の記載方法は、一般サービスと同様に仕様書V2からかなり簡素化された。

図表14-13　要求水準書の記載内容の改善（ヘルプデスクサービスの例）

仕様書V2

要求サービス：設置とセットアップ
SP01 事業会社は以下のことを確実なものとすること。
(a) 合意されたヘルプデスクの利用についての明確な説明書がヘルプデスクサービスを開始する日から30日以上前に提出されること（ヘルプデスクサービスは試運転期間も機能していなければならない）。
(b) 説明書に対しての更新があった場合は、必要に応じて運営トラストに提出されなければならない。
(c) 説明書の完成後には、全てのヘルプデスクの利用者、他のサービス提供者、トラストの職員がヘルプデスクの説明書についてよく理解した状態であること。

参照番号	業績要素	サービス不良	重要度	初期対応	回復許容時間	モニタリング頻度	モニタリング手法
SP01a	利用者のためのヘルプデスクの手順と指示書は、ヘルプデスクサービスを開始する30日以上前に提出しなければならない。	品質不良	中	N/A	N/A	必要時	1,2,3,4,8
SP01b	ヘルプデスクサービスの運営手続きが利用説明書によって正しく説明され、変更がある場合には、それを導入する前に管理者に対して更新板を交付すること。	品質不良	中	N/A	N/A	半年毎	1,2,3,4,8
SP01c	ヘルプデスク利用者と管理者のスタッフは、ヘルプデスクサービス利用者説明書についての研修を受け、その後何らかの変更がある場合には、その概要の説明を受けること。	品質不良	中	N/A	N/A	毎年	1,4,5,8

モニタリング手法リスト：1ヘルプデスク、2提案、3ベンチマーク、4セルフモニタリング、5整合性、6満足度調査、7法規、8監査

簡素化

仕様書V3

参照	パフォーマンス要因	未達成重要度	復旧許容時間	モニタリング手法
	設置と設定			
SP01	事業会社は合意されたヘルプデスクサービスの利用に関する明確な利用の仕方を、合意された書式で少なくとも、ヘルプデスクサービス開始の30日以上前に確実なものにしなければならない（ヘルプデスクサービスは試運転段階にも利用できなければならない）。	高	1時間	この要求はサービスの開始時に確認されなければならない。未実施を未達成と見なす。

（NHSサービスアウトプット仕様書を参考に作成）

　図表14-13は、ヘルプデスクの利用説明書の提出についての要求水準およびモニタリングについて、仕様書V2と仕様書V3を比較したものである。

　仕様書V2では、三つの要求内容の各モニタリング要素に対して、①二つのサービスのタイプ（「施設が利用できない不良事象」と、「サービスの品質の低下の品質不良」）の区別、②サービスの重要度、③初期対応時間、④回復許容時間、⑤**図表14-5**に示した9種類のモニタリングの頻度、⑥8種類のモニタリング手法を組み合わせて、要求水準表を作成していた。

　仕様書V3では、これらの三つの要求内容とモニタリング要素をパフォーマンス要因にまとめ、未達成の重要度、復旧許容時間、モニタリング手法で確認する。

仕様書V2では、要求水準書に①手順と指示書は30日以上前に提出し、試運転期間にも利用できること。②合意された更新版を利用すること、③利用者に十分な説明をすること、の三つを記載しており、仕様書V3ではこれらをまとめて一つの要求水準としてパフォーマンス要因の欄に記載している。そして、合意していない様式の場合、提出が遅れた場合、試運転期間に利用できない場合等においては、1時間以内に問題を解決できれば、サービス水準の未達成と見なさないことになっている。

14.8.5 ヘルプデスクサービスの継続改善指標

図表14-14は、ヘルプデスクサービスの仕様書V2と仕様書V3を比較したものである。

仕様書V2では、ヘルプデスクが受けた電話の数と、顧客満足度の2種類の指標が設定されていた。

仕様書V3では、見直しの結果、これらの指標が外され、**図表14-9**のようにヘルプデスクの利用者に対して回復許容時間が通知されるまでの平均時間が継続改善指標として設定された。

図表14-9　特定サービス水準書の継続改善指標（ヘルプデスクサービスの例）

仕様書V2				
KPI番号	継続改善指標	パフォーマンスの幅		
		緑	黄色	赤
K01	ヘルプデスクの利用者に対する電話の数	<（　）回	（　）～（　）回	（　）回<
K02	顧客満足度	<（　）%	（　）～（　）%	（　）%<

見直し

仕様書V3				
KPI番号	継続改善指標	パフォーマンスの幅		
		緑	黄色	赤
01	ヘルプデスクの利用者に対して修復許容時間が通知されるまでの平均時間	<（　）分	（　）～（　）分	（　）分<

（NHSサービスアウトプット仕様書を参考に作成）

14.9　清掃サービスの要求水準書

　以下は、清掃サービスの特定要求水準仕様書についての説明である。

　単なる清掃業務として捉えるのではなく、不適切な清掃で施設が利用できない場合は、清掃を原因として施設整備費を回収するための施設利用料金も請求できなくなる可能性があることに留意する必要がある。

14.9.1　清掃サービスのサービス概要

　仕様書V2では記載されていなかった項目である。仕様書V3では、建物の内部、外部、その他の業務と対象を三つに分類して、以下のようにサービス概要が記載されている。

2．サービス概要

　2.1　事業会社が提供しなければならない清掃サービスの概要

　　a）現場の建物に対するあらゆる清掃サービス

　　b）現場の建物外部エリアにおける体液のこぼれについて

　　c）サービス範囲に含まれるその他の特定義務

　2.2　不動産サービスの提供時間帯：1日24時間、365日

　2.3　サービスが適用されるエリア：現場のあらゆるエリアに適用

14.9.2 清掃サービスの主要目的

　仕様書V2では、①コストと品質の重視、②365日24時間のサービス提供、③スタッフの育成、④安全な環境の保持の4項目が記載されていた。②は前述のサービス概要に移動しているが、それ以外の項目は順番を変更し、新たな目的も加えられて、下記の（a）〜（f）として整理されている。

---

4. 主要目的

　4.1　事業会社が清掃サービスで満たさなければならない主要目的

　　a) 現場内の施設全体において高い環境清掃度レベルを達成すること。

　　b) 品質主導の清掃サービスを提供し、その利用において最適であり、現場の全ての建物およびエリアにとって最適な清掃水準を達成することによって全ての利用者から高く評価されること。

　　c) サービスの標準を提供し、患者、訪問者やスタッフのための臨床上および社会的に受け入れられる環境を提供することによってトラストの肯定的なイメージを生み出すこと。

　　d) 清掃スタッフが品質の高い日々の繰り返し業務を開発し、サービス提供を改善する機械を見つけられるように支援すること。クリーニングスタッフの全てのメンバーは共通した目的をシェアし、変更と品質向上のプロセスに合意しなければならない。事業会社はスタッフ個人とトラストのお互いの便益のために、そしてクリーニングプロセスの中に組み込まれている異なった部門間のスタッフの関係を改善するために研修を通してスタッフの開発支援を行わなければならない。

　　e) 認識済みのリスクの評価および管理システムの利用を含めて、安全な環境と安全な労働慣行を維持すること。

　　f) 快適さと清潔さの基準が高い水準であることを確実なものとし、サービス品質の低下を認識し、修正すること。

14.9.3　清掃サービスのサービス範囲

　清掃サービスの範囲は仕様書2と仕様書3において構成上は大きな違いはなく、八つの項目が記載されている。

---

5. サービス範囲
　5.1　一般サービス仕様書を満たす必要性について
　5.2　本特定サービスを満たす必要性について
　5.3　スケジュールおよび計画通りにサービスを実施すること
　5.4　清掃サービスの構成要素について
　5.5　清掃サービスのリスクに応じた機能エリア分けについて
　5.6　標準清掃とそれ以外の清掃
　5.7　Appendix Cに基づいた事業会社の責任範囲について
　5.8　清掃対象外の医療機器について

　内容の変更点は、2点ある。一つは、**図表14-15**に示したような、①超高リスク、②高リスク、③中リスク、④低リスク、⑤最低リスク―の五つのリスク区分を、①超高リスク、②高リスク、③中リスク、④低リスク―の四つの区分に変更し、それに該当するエリアを見直したことである。

　もう一つは、清掃会社の責任範囲についての具体的な事例の削除と次に示す重要度の区分の変更である。

図表14-15 リスク分類の見直しと該当する機能エリアの変更（清掃サービスの例）

仕様書 V2			仕様書 V3		
カテゴリー	運営上の重要度	機能エリア	機能エリア	運営上の重要度	カテゴリー
1	超高リスク	ICU 乳幼児ICU、特別乳幼児ケアユニット 手術室 特殊ニーズエリア		超高リスク	1
2	高リスク	• CSSD（中央供給滅菌部） • 滅菌サービス • 事故救急 • 薬局 • 隔離室	• CSSD（中央供給滅菌部） • 滅菌サービス • 事故救急 • 薬局 • 隔離室 • 病室 • 出産および冠動脈疾患治療ユニット • 通路	高リスク	2
3	中リスク	• 病室 • 出産および冠動脈疾患治療ユニット • 日常活動エリア • リハビリテーションエリア • 住居 • 病理学室 • 一般薬局 • キッチン • 研究所 • 死体安置室 • 医療映像室 • 外来クリニック • 治療および処置室 • カフェテリア • 通路 • オンコールベッドルーム／宿直室	• 日常活動エリア • リハビリテーションエリア • 住居 • 病理学室 • 一般薬局 • キッチン • 研究所 • 死体安置室 • 医療映像室 • 外来クリニック • 治療および処置室 • カフェテリア • オンコールベッドルーム／宿直室	中リスク	3
4	低リスク	• 事務室 • 殺菌不要品供給エリア	• 事務室 • 殺菌不要品供給エリア	低リスク	4
5	最低リスク	• データ室 • エンジニアリングワークショップ • プラントルーム • 戸外			

（NHSサービスアウトプット仕様書を参考に作成）

14.9.4　清掃サービスの特定要求

　図表14-16は、清掃サービスの日常清掃についての要求水準およびモニタリングについて、仕様書V2と仕様書V3を比較したものである。

　仕様書V2では、回復許容時間が設定されていなかったが、仕様書V3では、重要度に応じて回復許容時間を設定している。

図表14-16　要求水準の記載内容の改善（清掃サービスの例）

仕様書v2

参照番号	実績要素	サービス不良	重要度	初期対応	回復許容時間	モニタリング頻度	モニタリング手法
SP01	管理者と合意した期間内に、総合的な清掃スケジュールを作成し、常時清潔を保つことができる状態を保つこと。	品質不良	高	N/A	N/A	毎月	1,2,3,4,8
SP01	超高リスクエリアの日常清掃を完了させ、全ての要求水準の要素を満たしていること。	不良事象	C-E	合意時間から20分以内	N/A	毎日	1,2,4,7,8
...	...	...	...	...	...	...	...
SP01	最小リスクエリアの日常清掃を完了させ、全ての要求水準の要素を満たしていること。	不良事象	A-E	合意時間から20分以内	N/A	毎日	1,2,4,7,8
SP01	全ての清掃作業はトラストの感染の管理の指針と手続きに準拠していること。	品質不良	高	N/A	N/A	毎月	1,2,4,5,8
SP01	清掃作業は、トラストの代表者から特別に許可を得た場合を除いて、アクセス時間内に実施しなければならない。	不良事象	D-E	5分	N/A	毎月	1,4,8

モニタリング手法リスト：1ヘルプデスク、2提案、3ベンチマーク、4セルフモニタリング、5整合性、6満足度調査、7法規、8監査

簡素化

仕様書V3

参照	パフォーマンス要因	未達成重要度	回復許容時間	モニタリング手法
	日常清掃			
SP01	事業会社は清掃スケジュールをサービスの開始に先立ち承認のためにトラストに提出し、四半期毎にトラストの活動支援になっていることを確認する。事業会社は、事前にトラストの代表者によって評価可能された場合を除き、付録に記載したアクセス時間内に日常清掃が行われていることを確認しなければならない。	高	1週間	スケジュールを所定の位置においておくこと、四半期毎にレビューを行う。
SP02	事業会社は既存の清掃スケジュールをトラストの求めから2時間以内に提出しなければならない。	高	2時間	未実施を不履行と見なす。
SP03	事業会社は超高リスク機能エリアにおける日常清掃を完了させることを全ての要求水準を満たしていること。	高	10分	未実施を不履行と見なす。
...	...	...	...	...
SP06	事業会社は低リスク機能エリアにおける日常清掃を全ての要求水準を満たしていること。	低（部屋毎に）	1時間	未実施を不履行と見なす。
SP07	全ての清掃作業はトラストの感染の管理の指針と手続きに準拠していること。	高	1日	毎月レビュー、未実施が不履行。

（NHSサービスアウトプット仕様書を参考に作成）

147

14.9.5 清掃サービスの継続改善指標

図表14-17は、清掃サービスの継続改善指標について、仕様書V2と仕様書V3を比較したものである。

図表14-17　特定サービス水準書の継続改善指標（清掃サービスの例）

仕様書V2				
KPI番号	継続改善指標	パフォーマンスの幅		
		緑	黄色	赤
K01	清掃対象エリアの㎡当たりクリーニングコスト	<( )	( )～( )	( )<
K02	清掃に関連したクレーム数	<( )件	( )～( )件	( )件<

見直し

仕様書V3				
KPI番号	継続改善指標	パフォーマンスの幅		
		緑	黄色	赤
01	病院による清潔度評価点	<( )%	( )～( )%	( )%<
02	PEAT(患者環境行動チーム)による清潔度評価点	<( )点	( )～( )点	( )点<
03	追加サービス要求に対しての平均緊急(Emergency)対応時間	<( )分	( )～( )分	( )分<
04	追加サービス要求に対しての平均至急(Urgent)対応時間	<( )分	( )～( )分	( )分<

（NHSサービスアウトプット仕様書を参考に作成）

　仕様書V2では、清掃対象エリアの㎡当たりのクリーニングコストと清掃に関連したクレーム数であった。

　仕様書V3では、①病院による清潔度評価点、②PEATによる清潔度評価点、③追加サービス要求のうち平均緊急対応時間および④同平均至急対応時間ーの四つが新たに設定された。

　この改善については、㎡当たりのコスト算定や、清掃に関連しているかどうかおよびクレームであるかどうかの判断が難しいことから、すでに確立されている評価方法の点数を活用したり、測定可能な対応時間等に見直したりすることで、より客観的な指標になっている。

サービス料金の支払メカニズムの解説

第15章　サービス料金の支払メカニズムの解説

15.1　サービス料金徴収に必要な支払メカニズム

　今までの国内の施設調達型PFI事業では、施設整備費を割賦払いにしていることから、サービス料金としてひとくくりにしているものの、施設整備と維持管理運営サービスの料金を別々に設定している事例が多い。そして、減額が罰則として適用されているケースがある。施設の所有権が譲渡され、施設整備費を確定債務として支払うことを合意すると、当該施設に生じた不具合の責任は所有者にあるため、確定債務を減額することはできない。罰則による減額はサービス料金の支払いになじまない。

　サービス調達型PFI事業における支払メカニズムは、サービスにはIHIP特性があるため、サービスを受け取らない限りにおいては支払債務は発生しないという原則に基づいて作成される。サービス料金の総支払額は、満足のいくサービスを事業者が提供した場合に支払うサービス料金と利用した量に応じて清算する従量料金によって構成される。満足のいくサービスを事業者が提供した場合に支払うサービス料金は、施設整備費やサービス料金として分割できるものではなく、一つの不可分な支払い（ユニタリーペイメント：UP）として設定する。そして、一部のサービスが提供されなかった場合に、その提供されなかったサービス料金をUPより減額するという第13章で示したような考え方である。これは、ペナルティに該当するような罰則ではない

　点に留意する必要がある。

　前著では、支払メカニズムの記載が十分でなかったことから、サービス調達型PFIの本質を十分に説明しきれなかった。そこで、本書の執筆に当たっては、仕様書を例として引用した英国の国民保健サービス（NHS）のサービス料金支払メカニズムの事例にして支払メカニズムの説明を行い、オーストラリアのPPP事業サービス料金支払メカニズムを類似した参照例として提示する。

15.2　サービス料金の支払メカニズム

　サービス料金の支払メカニズムには、次の三つの役割がある。

　（a）支払いおよび減額の基準としての役割：

支払メカニズムとはどのようにして支払いや減額が行われるかを設定したものであり、官民のリスク分担を明確にする基準となる。

(b) 官民のリスク分担が変動した場合の調整弁としての役割：
支払メカニズムは、分かりやすく、しかも合理的な仕組みであって、官民のリスク分担に応じて仕組みを調整できる。

(c) アウトプットとモニタリングを結び付ける触媒としての役割：
支払メカニズムはアウトプット仕様書とモニタリングを連動させるための仕組みであり、FE（不具合）や、QF（品質低下）に応じて設定されているため、どの部分をどのように改善すれば良いかが分かる改善ツールとしても利用可能。

サービス料金の支払いのメカニズムを、リスク移転メカニズムの一つの要素としてみた場合は次のようになる。

(a) 要求水準書で示された要求の水準が満たされていない状態が生じた場合に、その認識から解決までを記録したモニタリングシステムの結果を具体的に支払いに反映させる仕組みである。

(b) 要求水準で示された要求が満たされていない状態の顕在化に対してどのような減額措置が取られるかに応じて、民間事象者も管理運営の指針を設定することになる。例えば、要求水準を満たさない事象の発生に対して修復許容時間が適用されずに高額の支払減額がなされる減額システムであれば、事前予防保全対策を採ることが適切であるが、事象発生後に十分な対応時間が設けられている場合には、事後対策で済ませるという判断をすると考えられる。

(c) このような民間事業会社の反応を事前に想定し、何段階の重要度エリア設定が適切であるかについては、事業や施設の特殊性を考慮しながら検討し、発注者の設定する条件を事前に決定しておく必要がある。

15.3 NHSのPFI事業におけるサービス料金支払メカニズム

以下は、英国のNHSのPFI事業で活用されたサービス料金支払メカニズムである。

15.3.1 月次サービス支払額の算定

次の月額算定式（1）は、NHSが事業者に対して支払う月額の構成を示したものである。

月額算定式（1）：MSP ＝（ASPn/12）＋ TVA ＋（GS － PS）- ΣD
    MSP： 月次サービス支払額
    ASP： 年間サービス支払額
    TVA：月次従量料金調整額
    GS： 想定を上回るコスト削減による利益配分調整
    PS： 想定を上回るコスト超過による追加コスト分担調整
    ΣD： 月次減額合計

サービス料金月額は、年間サービス料金の1カ月分（ASPn/12）に、従量料金（TVA）と想定を上回るコストの変動に対する調整（GS－PS）および減額（ΣD）を行ったものである。

15.3.2 年間支払額の算定

以下の契約期間の年額算定式(2)は、上記のNHSの年間支払額の算定式を示したものである。

契約期間の年額算定式（2）： ASPn ＝ ASPo ×（RPIn ／ RPIo）＋ RoE
    ASPn：当該年度の年間サービス支払額
    ASPo：オリジナルの年間サービス支払額
    RPIn：当該年度の消費者物価指数
    RPIo：オリジナルの消費者物価指数
    RoE： SPCのスタッフ人件費

　前述の、月次サービス支払額は、当該年度の支払額（ASPn）を12等分した
ものであるが、当該年の支払年額は、オリジナルの支払額（ASPo）に対して消
費者物価上昇分（RPIn/RPIo）を掛けて調整したものにSPCを運営するスタッフ
のコスト（RoE）を加えたものである。
　特定サービスに従事するスタッフの費用については、消費者物価指数での調整
が行われる。一方で、SPCとして事業の進捗に応じた特殊な検討が必要になる
場合には、適宜その人件費を見直して適用することが想定されている。

図表15-1　請求書を発行する月と請求に該当する日数の配分

該当月	期間	日数
1月分	1月1日～1月30日	30日
2月分	1月31日～3月1日（2月が28日の年）	30日
3月分	3月2日～3月31日	30日
4月分	4月1日～4月30日	30日
5月分	5月1日～5月31日	31日
6月分	6月1日～6月30日	30日
7月分	7月1日～7月31日	31日
8月分	8月1日～8月31日	31日
9月分	9月1日～9月30日	30日
10月分	10月1日～10月31日	31日
11月分	11月1日～11月30日	30日
12月分	12月1日～12月31日	31日
合計		365日

　前述の"月額算定式（1）"は、単純に年間サービス料金を12等分して月額を
算定したものであるが、1日分を算定して月額を算定する方法もある。後者は、1
日分のサービス料金に請求月の日数分をかけたものを月次支払額として活用する
方法である。**図表15-1**に記載したように、5月、7月、8月、10月、12月は1カ月
当たり31日を活用し、それ以外の月は30日を適用する。なお2月が29日の閏年は
2月を31日とする。なるべく実際の月に合わせて1カ月を30日もしくは31日で振り分
ける考え方である。

15.3.3 月次従量料金（TVA）の算定

従量料金算定式(3)は、月次の従量料金の算定方法を示したものである。

従量料金算定式（3）：TVA ＝Σ{VAL＋VAC＋VAW1＋VAW2＋VAW3}

TVA： 従量料金

VAL： ランドリーサービスの仕様書に基づいた洗濯の従量料金

VAC： ケータリングの仕様書に基づいたケータリングの従量料金

VAW1：廃棄物管理の仕様書に基づいた医療廃棄の従量料金

VAW2：廃棄物管理の仕様書に基づいた非医療廃棄の従量料金

VAW3：廃棄物管理の仕様書に基づいた医療廃棄・非医療廃棄以外の廃棄の従量料金

この算定式は、従量料金（TVA）が、ランドリー料金（VAL）、ケータリング料金（VAC）、廃棄料金（VAW1 ～ VAW3）の累積値の合計によって算定される仕組みになっている。

15.3.4 想定外コスト調整額の算定

以下の想定外コストの増減(4)と(5)は、水道や電力の利用料が想定とずれた場合の精算方法を示している。

想定外コスト減の配分調整額算定式（4）： GS = 0.5S × AUC

想定外コスト増の分担調整額算定式（5）： PS = 0.5E × AUC

GS： 想定を上回るコスト削減による利益配分調整

PS： 想定を上回るコスト増加に対する分担調整

S： 想定値の97%を超えて削減されたユニット数

E： 想定値の103%を超えて増加したユニット数

AUC：平均ユニットコスト

図表15-2は、この調整の考え方を示したものである。

図表15-2　想定外コストの調整値の算定方法

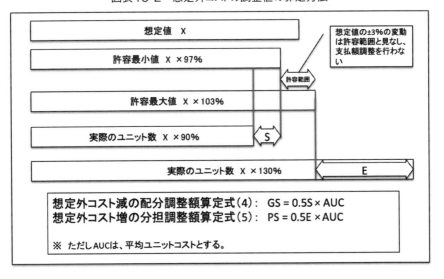

"想定外コスト減の配分調整額算定式（4）"は、想定値の97％を超えて削減された実際のユニット数の半分に当たる費用を事業者が発注者に支払うことで調整が行われることを示しており、"想定外コスト増の分担調整額算定式（5）"は、想定値の103％を超えて増加した実際のユニット数の半分に当たる費用を発注者が事業者に対して支払うことを示している。

従量料金の算定対象は事業によって異なる。コストとして変動するものを従量料金として取り扱うか、想定外コストの調整を行うことを前提としてサービス額を事前に組み込んでおくかは、次のような考え方で仕分けしている。

従量料金の対象として選ばれているものは、ランドリー、ケータリング、廃棄物等である。これらは、そのコストを生じさせた起因者を規定することが可能であり、これらのサービスに事業介入することが可能である。そして、事業介入によって事業が改善されれば問題解決となるし、事業改善が困難であったとしても、下請け事業者を変更するだけで対処できる。このような特性から、事前に支払いの仕組みにおいてもこれらを分離していると考えられる。

一方、想定外コストの増減で調整している対象は水道や電力である。これらは、一般的に民間事業者ではなく、事業者がその運営上の適切性をコントロールすることは困難であるし、事業者を変更することもできない。また、水道や電力の利用量の変動リスクは、事業者に全てを転嫁することが適切ではないと考えられるため、**図表15-2**のように、許容範囲を超えた分を官民で折半する形で調整しているものと考えられる。

15.3.5 サービス料金の減額の仕組み

前述したように、減額はサービスのIHIP特性を反映させた形で、受け取っていないサービスの支払いは行わないという考え方に基づいて適用されるものであり、サービス調達型PFI事業の肝となる部分である。

15.3.5.1 減額することの権利

契約期間において、施設が利用できない場合や、サービスの品質が低下した場合、NHSは、次の二つの条件を満たす範囲内で、当該サービス期間の支払額から減額する権利を有するものとしている。

条件（1）：減額の最高限度額は「従量料金の支払額」とする。
条件（2）：施設が利用できない理由や、サービスの品質が低下した理由が別途制定する「許諾理由」に該当する場合には、NHSは減額をしたり、サービス不履行ポイントとして加点したりできない。

この条件(1)の減額最高限度額を従量料金（TVA）にするということは、以下に再掲する月額算定式（1）の（ASPn/12）部分の支払い、すなわち基本的な年間サービス支払額の月額分を上回る減額はなされないことを意味している。

月額算定式（1）：　$MSP = (ASPn/12) + TVA + (GS - PS) - \Sigma D$

月次サービス支払額と月次従量料金との比率についての記載がないため、月次従量料金が月次サービス支払額を上回る場合もありうるが、月次従量料金と月次サービス支払額は独立しており、月次サービス支払額は減額されないと判断されてしまうと、事業者の施設整備費の回収が保証されたものと見なされる可能性があ

る。そのため、事業者の施設整備費を対象とした借入金の部分が、事業者リスクによる借入と見なされず、発注者の債務として見なされる可能性があることに留意しなければならない。この点は、オーストラリアのPPPと異なっている。

15.3.5.2　暫定減額適用期間（Bedding-in Periods）

　NHSでは、新しい事業者を雇用する場合には、3カ月間の暫定減額適用期間を設定し、以下の条件を適用している。

　　条件　(1)：最初の1カ月間は、サービスのパフォーマンスが低下した場合においても支払減額を適用しない。
　　条件　(2)：2カ月目と3カ月目にサービスのパフォーマンスが低下した場合には、通常適用される減額の50%が適用されるものとする。

　新しい事業者を雇用した場合には、最初は、パフォーマンスが低下してしまうことがしばしばある。ただし、学習効果によって、パフォーマンスが改善することが一般的である。そのため、適切な運営能力のある事業者の場合には3カ月以上経過しても、パフォーマンスが低下し続けているのは異常と見なすことができる。従って、このような条件設定は、事業者の学習効果をうまく活用して、事業参画意欲を高めているものと考えられる。

　なお、事業者との事業契約がサービス開始に先立ってスタートすることや、部分完成に伴って、後で完成する部分が最初の部分引渡しから3カ月以上経過していることがある。そのため、事業契約の開始から3カ月を経過していたとしても、全体のサービスの開始から1カ月間は、通常の減額の50%が適用される暫定減額適用期間を適用することによって新しいサービスでのパフォーマンス低下に対応すること等も条件付けすることが一般的である。

　ただし、これらの減額猶予は、サービスパフォーマンスの低下に適用されるものであり、施設の利用ができない事象が発生した場合には、暫定減額適用期間であったとしても減額が適用されることに留意する必要がある。

15.3.5.3　サービスパフォーマンスが低下した場合の減額

　ここで取り上げた、NHSの例では、サービスパフォーマンスが低下した場合の減額は以下の通りである。

　　減額ルール（1）：重要度低の項目の未達成　£5.00（約825円）
　　減額ルール（2）：重要度中の項目の未達成　£25.00（約4,125円）
　　減額ルール（3）：重要度高の項目の未達成　£50.00　（約8,250円）

　ここから、サービスのパフォーマンス低下に対しての減額はそれほど大きなものではないことが分かる。

　施設が利用できなくなる事象と、サービスパフォーマンス低下は、別々のものとして捉えられており、一つの事象からは1回のサービス料金の減額に限定することが原則である。

　一つのパフォーマンス低下が複数の機能エリアに影響を与えたとしても、減額値は変動しない。一方で、利用できない機能エリアは広くなるほど、減額値は増加するという仕組みが組み込まれている。

15.3.5.4　サービスパフォーマンス低下の許容範囲

　参照したNHSの減額の仕組みでは、重要度が高い場合は減額を発動するが、重要度が中度または低度の場合は、条件付きで減額が発動されないことにしている。

　具体的には、特定サービスの重要度が中度および低度の場合、パフォーマンス低下による減額値が「当該サービスの月次サービス支払額の」0.5％以下である場合、または、全てのサービスで発生した重要度が中度と低度に関するパフォーマンス低下によるものであり、その減額値が「全てのサービスの月次サービス支払額の」0.5％以下である場合は、減額は発動されないという条件を付けている。

15.3.5.5　施設が利用できない事象が生じた場合の減額

　NHSにおける減額は、前述した15.3.5.1の条件（1）（2）、および15.3.5.2の条件（1）（2）を満たした上で、前述したサービスパフォーマンス低下の許容範

囲を超えた場合に、次の算定式を用いて減額される。

減額値算定式（6）：D ＝（ASPn/（Ny × 3））× AW × UW × DP

   D：減額値

   ASPn：年間サービス支払額

   Ny ：減額が発生した年度の年間日数（365日または366日）

   AW：利用できなくなった機能エリアの重み付け

   UW：利用できなくなった機能ユニットの重み付け

   DP：通常は100％、利用不能時に当該エリアを利用した時の減額割合
    は50％

　減額値は、年間サービス支払額の1日分の3分の1（ASPn/（Ny × 3））に、利用できなくなった機能エリアの重み付け（AW）と、利用できなくなった機能ユニットの重み付け（UW）の積に減額割合（DP）をかけたものである。

15.3.5.6　修復許容時間内の修復

　修復許容時間内に修復することができなかった場合にはパフォーマンスの低下や利用不能状態が発生したものと見なすが、パフォーマンスが低下したり、施設が利用できなくなったとしても、修復許容時間内に修復することができた場合には、パフォーマンスの低下や施設の利用不能状態が発生したとは見なさず、減額も適用されない。

　修復許容時間が終わると、修復許容時間と同じ時間の追加修復許容時間がスタートする。もし、この追加修復許容時間内に修復を終わらせることができなかった場合には、パフォーマンスの低下や利用不能状態が再度発生したものと見なし、追加修復許容時間が再度スタートする。

　追加修復許容時間内に、修復が完了しない限りにおいては、修復が完了するまで、パフォーマンスの低下や利用不能状態が発生し続けることになる。

　ただし、修復許容時間内にパフォーマンスを回復しなかったとしても、当該サービスはもうこれ以上必要ないと、トラストの代表者が通知した場合にはパフォーマンス低下とは見なされない。

　修復もしくは、臨時修繕の遂行に際して事業会社はトラストの方針、業界の慣

行および安全衛生の運営体制に基づいて行動しなければならない。もしこれに従わない場合には、重要度が低度のパフォーマンス低下事象であったとしても、法令違反および安全衛生の運営体制に反する行為をした場合と同様に重要度高のパフォーマンス低下が生じたものと見なす。

15.3.5.7　再試運転

　修復に続いてトラストが機能ユニットを再試運転する必要がある場合は、再試運転行為を開始する前に、トラストの代表者は、修復が適切に行われたことに対して満足したかどうかを判断しなければならない。トラストの代表者はこの業務を医師または当該機能ユニットの看護長に委託することができる。従って、再試運転行為が開始された場合は既に修復活動終了の判断がなされたものと見なされる。そして、その後、当該機能ユニットの再試運転を満足のいく形で完了できなかったとしても、事業会社が修復を完了させたとみなされたことに変わりはない。

　上記の条件は、トラストによって行われる再検証活動に関連する事業会社の清掃サービスやその他のサービスの追加サービスをトラストが仕様書に基づいて要求する権利に影響するものではない。

15.3.5.8　修復時間が設定されていないパフォーマンス低下

　サービスレベル仕様書に修復時間が設定されていない場合には、次の条件が当てはまる。

　修復時間が設定されていない場合にパフォーマンス低下が発生した場合は、次のように、その重要度（低・中・高）に応じて適切な減額が行われる。

1. 事業会社がトラストの代表者に対してパフォーマンス低下の回復に必要な時間を合理的に実証できる場合、この時間が「是正時間」となる。
2. 是正時間の長さは、重要度の違い（低、中、高）に応じて別途設定することができる。
3. もし、是正時間が終了する前に事業会社がトラストの代表者にパフォーマンス低下の回復をできた場合は、パフォーマンスの低下に対する減額は行なわれない。
4. そうでない場合には、さらなる是正時間が適用される。事業会社が、トラスト

の代表者に対してパフォーマンス低下の回復を実証できるまで、同じ是正時間が適用され続ける。

15.3.5.9　臨時修繕

事業会社がトラストに対して、特定の材料や特定の人材が必要であり、合理的に、そして、すぐに入手することができないため修復時間内に修復することはできないが、臨時的に修繕をすることができる場合、次の二つの対応の考え方が適用される。

一つ目は、トラストが事業会社に対して彼らが提案した臨時修繕を認めることである。ただし、事業会社の提案した臨時修繕が、当該機能を有する部分を利用するにおいて一般的な医療行為を行うに際して是認できないものであったり、適切な業界慣習に基づいたものではないと合理的に説明できる場合はその限りではない。

二つ目は、臨時修繕が認められた場合には、事業会社によって完全修復が実施される合理的な期間が提示され、締め切りが設定されなければならない。この締め切りの設定に際しては事業会社もトラストも合理的な合意をしなければならない。

臨時修繕が認められたときから、完全修復が完了するまで、もしくは、完全修復許容時間の締め切りまでは、利用可能な状態の要件は、当該機能を有する部分が利用できない場合においては、別途合意された最低利用条件に置き換えられなければならない。

臨時修繕についての合意が修復許容時間内に行われ、完全修復許容時間の締め切りまでに完全修復が行われた場合には、パフォーマンス低下や利用不能な状態が生じたとしても、減額は適用されない。

もし修復許容時間内に臨時修繕が行われなかった場合にはパフォーマンス低下および利用不能事象は次のように適用される。

修復許容時間が終わると、修復許容時間と同じ時間が"追加時間"として始まる。事業会社は臨時修繕が追加時間内に確実に実施されることを確実にしなければならない。もし臨時修繕をこの追加時間が終了する前までに完了できない場合には、新たなパフォーマンス低下もしくは利用不能事象が生じたものと見なされ、さらなる追加時間がスタートする。

臨時修繕を追加時間の終了までに完了することができなかった場合には、臨時

修復が完了するまでパフォーマンス低下および利用不能事象が起きたものとして処理される。

完全修復許容時間の締め切りまでに臨時修繕が行われなかった場合は、完全修復が行われず、臨時修繕のチャンスも喪失したと見なされ、次の項目で規定する「さらなるパフォーマンス低下」が発生したものと見なされる。

もし完全修復が、完全修復許容時間の締め切りまでに行われなかった場合は、パフォーマンス低下および利用不能事象が生じたものと見なされ、前述の減額ルールが適用される。

15.3.5.10　繰り返しの修復

事業会社が該当する修復時間内に事象の修復を完了させた場合であっても次の二つの場合には低度のパフォーマンス低下が生じたものと見なされる。

1. 契約期間内の1日に3回同じ事象が発生した場合
2. 継続した7日間の期間内に4回同じ事象が発生した場合

ただし、もし、その事象が要求水準書で規定した同じサービス水準に関連した事象であってかつ同じ機能エリアで発生した場合、および、同じ機能ユニットもしくは別の機能ユニットで発生したかを問わず、その事象の原因が同じである場合には、このような1日に続けて3回起きた事象、および継続した7日間の間に4回以上同じ事象が発生した場合は、事象のそれぞれを低度のパフォーマンス低下が生じたものとして見なさなければならない。

15.3.5.11　その他の減額につながる利用不能の影響

利用不能事象が修復されるまでは、その利用不能事象に関連した減額は、その利用不能事象が発生した機能ユニットに関連して適用される唯一の減額でなくてはならない。当該事象が発生してから修復が完了するまでは、当該利用不能事象に起因する当該機能ユニットまたは当該機能エリアで発生するその後のパフォーマンスの低下に基づいてさらに減額してはならない。ただし、トラストが利用不能事象によって影響を受けた部分の機能ユニットを継続して利用する場合には事業会社は、当該機能ユニットを機能させる清掃やケータリング、ポータリングサー

ビス等の日々のサービスを継続して提供する義務を負うものとする。もし、これらのサービスが要求水準書に記載された水準を満たすことができない形で提供される場合には、トラストはPart G（本書には未添付）に記載したサービス不履行減点を付することができるものとする。

15.3.5.12　臨時の代替施設

　利用不能事象が発生した場合、事業会社はトラストに対して当該事象の発生の日から10営業日以内に書面によって臨時の代替施設を提供することができる。

　その場合、臨時の代替施設は当該利用不能事象によって影響を受けた機能部分に該当した要件を満たしたものでなければならない。

(a) 満たさなければならない条件：
　(1) アクセス条件
　(2) 安全基準
　(3) 利用条件
　(4) 所定の衛生機能条件
　(5) 所定の運営機能条件

(b) 臨時の代替施設として事実上存在するものであり、実際の状況を反映したものでなければならない。

(c) 影響を受けた機能部分をトラストが利用する条件と臨時施設の利用条件が大きく異なってはならない。

(d) その施設はトラストが支払っているサービス料金に含まれているエリアであってはならない。

(e) 利用できなくなった機能部分において通常事業会社が提供しているサービスがサービス仕様書で規定された通りに提供されなければならない。また、その臨時代替施設への移転に関する合理的な費用を要求したり、トラスト負担となるコストが発生する作業にトラストを従事させたりしてはならない。

(f) 当該施設は臨時の場所として近くにあり、公共または民間の交通機関によって行ける場所にあり、適切な駐車場を持っていなければならない。

事業会社からトラストに対して送付される書面は以下のような要件を満たしていな

ければならない。

1. 臨時代替施設について記載されていなければならない。
2. 当該臨時代替施設をトラストが視察できるよう招待し、視察する時間や日程は合理的なものでなければならない。
3. 臨時代替施設に移動するタイミングやコーディネーションの提案をしなければならない。
4. 書面での通知を送付する前に事前にトラストと合意を取り、利用不能な施設が修復された後に当該施設に戻ってくる合理的な日付（復帰日）を記載しなければならない。
5. トラストが臨時代替施設を占有する権利を有する条件が記載されていなければならず、支払メカニズムを運用するために、当該施設を機能ユニットと機能エリアに組み込むための重要度付けに関する提案が含まれていなければならない。

　もし、トラストに臨時代替施設の視察を要求する場合には、書面による通知から5日以内にトラストは視察をしなければならない。トラストは、事業会社に対して視察を受け入れるのか、拒否するのかについての書面通知を24時間以内にしなければならないが、もしトラストが視察をしないことを選択する場合には5日以内に返答すれば良い。トラストは、提案された臨時代替施設を受け入れるのか拒否するのかを決定する場合は合理的に行動しなくてはならない。

　また、もし、トラストが臨時代替施設の提案を受け入れる場合には、契約内容を変更する権利に影響を与えるものではないが、トラストは、復帰日もしくは、復旧が完了し、後述する移動と再検査のプログラムに基づいてトラストが機能部分を利用できるようになる日付のどちらか早い日までは、臨時代替施設から立ち退くことは認められない。

　トラストが事業合意書のパフォーマンスのモニタリングについて持っている権利は、トラストが臨時代替施設を受け入れることによって影響されるものではない。

　トラストが事業会社の臨時代替施設の提案を受け入れた場合、トラストが臨時代替施設を利用している期間は、その期間における更なる減額やサービス不履行減点を付してはならない。

　トラストは、利用不可能な部分が臨時代替施設によって置き換えられ、臨時代替施設でパフォーマンス低下または利用不能事象が発生した場合、これらの事象に対してサービス不履行減点を付したり減額をしたりすることができなければならない。ただし、その場合の減額のルールは前述の事業会社からトラストへの書面通知に記載した重要度を活用して行わなければならない。

　事業会社がトラストの機能部分への復帰のための工事を完了させた場合、トラストの代表者は機能部分が利用可能な状態になったことを確認しなければならず、トラストの代表者と事業会社は機能部分に復帰し、再検証のために必要な期間を含んだ引っ越しプログラムに合意しなければならない。

　トラストが提案された臨時代替施設を受け入れたものの、事業会社が復帰日に当該機能部分へ復帰ができる状態にできなかった場合は、トラストは復帰日の後いつでも臨時代替施設から立ち退くか、継続して臨時代替施設に残るかを決めることができる。

　このような場合には次の二つの対応が考えられる。

1. トラストの自由判断によってトラストが復帰日の後に臨時代替施設に残ることを決めたとしても、臨時代替施設は復帰日の効力によって利用不能と見なされる。トラストは、それ以降の臨時代替施設を活用する期間においては前述の「15.3.5.5　施設が利用できない事象が生じた場合の減額」に記載された利用不能施設を利用した場合の条件に基づいて50%の減額をしなければならない。

2. トラストの自由判断によって、トラストが復帰日の後に臨時代替施設を立ち退く場合、臨時代替施設は復帰日の効力によって利用不能と見なされる。トラストは、「15.3.5.5　施設が利用できない事象が生じた場合の減額」に基づいて減額をしなければならない。

　トラストは復帰日以降の日付で、機能部分の修復を完了させなければならない日である"最終復帰日"を決めなければならない。そしてもしこの日までに機能部分の修復が完了しない場合には、臨時代替施設は、最終復帰日の効力によって機能部分に置き換えられる。

（a）トラストは、要求水準書の要求を全て満たしているという条件の下に臨時
　　代替施設を機能部分の修復に代替することを適切であると見なし、必要な
　　手続きを進めること。

（b）事業会社は、トラストが前述の手続きを自ら行う、または第三者に委託して
　　行うために必要な全ての合理的な費用、損失経費または損害の精算をし
　　なければならない、または、トラストには、事業会社からこの条項に基づい
　　て支払額から減額する権利が与えられるものとする。

15.4　オーストラリアのPPP事業のサービス支払メカニズム

次に、オーストラリアのビクトリア州のBerwick HospitalのPPP事業で用いられ
ている月額算定式を記載する。

15.4.1　支払額算定式

月額算定式（2）：$MSP = \left[QSPn \times \dfrac{Nm}{Nq} \times (1 - QA) \right] - \Sigma(FA) - FRA$

MSP：　　運営月における月次サービスの支払額
QSPn：　当該運営月を含む四半期における四半期サービスの支払額
Nm：　　運営フェーズにおける当該運営月の日数
Nq：　　運営月を含む四半期の日数
QA：　　運営月の品質減額の割合
Σ（FA）：運営月におけるそれぞれの不良事象に対する減額の累積額
FRA：　　運営月における繰り返し発生する不良事象に対する減額

オーストラリアのビクトリア州のPPP事業では、減額が月額よりも大きい場合は、
支払いはゼロになることが記載されており、民間事業者へのパフォーマンス低下リ
スクおよび施設が利用不能になることのリスクの民間移転度合いが、英国に比べ
て大きいことが分かる。

15.4.2　減額メカニズム

　月次支払額の基本となる部分は、月次施設投資関連料金と月次サービス料金から構成され、この月次サービス料金から四半期減額値と当該月減額値を差し引く。

　この四半期減額値は、KPI[10] が悪化した場合に減額されるものであり、当該月減額値は、FE（不具合）を原因とした減額値とQF（品質低下）を原因とした減額値から成り立つ。

　この時、四半期減額値と当月減額値の合計額が、月次サービス料金を上回る場合には、月次施設投資関連料金から減額できるものとする。

　詳細要件として、減額値が月次サービス料金と月次施設投資関連料金の総額を上回る場合には、月次支払額はゼロになるし、同減額値が、月次サービス料金と月次施設投資関連料金を上回った場合でも、その超過分は翌月に繰り越さないというルールの設定も必要である。

15.4.3　不具合減額

　減額には不具合減額と、品質低下減額がある。不具合減額値は、次のような項目を要求水準と連動させて設定する。

(a) 不具合の発生に対して初期対応時間内に対応できなかった場合は、品質低下の減額ポイントを適用する。

(b) 不具合がユニット別減額値算定表に記載されたユニットに対して影響を与える場合には、「ユニット別減額算定表」に記載された減額値と「不具合レベル表」の不具合修復許容時間に基づいて減額を算定する。

(c) また、必要に応じて、リストに記載されていない不具合（例えば運動場、庭園、など）は、時間および、日数などで算定する。

　不具合減額値＝
　　（年間支払総額／年間稼働日）× ユニット比率 × 減額係数 × 減額変数

10　KPIは、四半期毎に官民の合意の下に設定されるものであり、継続改善が前提となっているため、既存の指標よりも改善した数値を設定しなければならないという条件が付く。

ユニット比率 =

（当該ユニット面積 × 当該重要度係数）/ Σ（ユニット面積 × 重要度係数）

減額係数＝当該ユニット毎に設定した係数

減額変数＝

@ROUNDUP（減額までにかかった時間 / 不具合修復許容時間）

なお、減額変数の取り方によってはこの減額値が変わってくるので留意する必要がある。

例えば、不具合修復許容時間が30分のレベルAのエリアで、完全修復までに70分かかった場合の減額変数は、次の3通り以上の考え方があるからである。

ケース1：30分を越えた場合	一律減額変数を1とする。
ケース2：70/30=2.3	減額変数を2.3とする。
ケース3：@Roundup（70/30.0）=3	減額変数を3とする。

PPP事業のプロセス

第16章　PPP事業のプロセス

16.1　PPP事業のプロセス

　以下、PPP事業のプロセスをAPMGのPPPプロフェッショナル資格認定ガイドに記載されているプロセスを参照しながら説明しよう。

　最初は、事業の特定であり、PPPとしての事業スクリーニングである。このプロセスは、プログラム評価とも呼ばれる。

　次が、フィージビリティスタディ（FS:導入可能性調査）とプロジェクト評価である。このプロセスでは、価格を含めた事業査定「事業のアプレイジング」を行う。

　そして3番目が、ストラクチャリングおよび契約書の草案策定である。入札図書を策定するプロセスである。

　4番目が入札である。このプロセスには、文字通り入札から、契約交渉を通した結果としての契約捺印までが含まれている。

　そして5番目が二つの契約管理フェーズの内、サービスを提供する施設を整備するプロセスに関わる部分である。

　最後の6番目は、契約管理フェーズの2番目であり、施設完成後に運転維持管理に関わるサービスを提供するプロセスである。以下順番に見ていこう。

図表16-1　APMG・PPPプロフェッショナル資格認定ガイドにおける事業プロセスサイクル

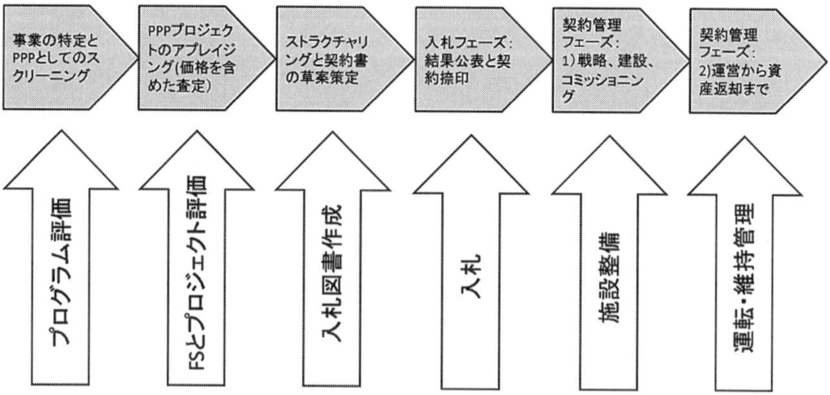

（APMG・PPPプロフェッショナル資格認定ガイドを参考に作成）

16.2　PPP事業の事業特定およびPPP事業としてのスクリーニングのプロセス

　最初のプロセスは、事業の特定であり、PPPとしてのスクリーニングである。ここで示したような業務、つまり、プロジェクトを特定し、課題の解決方法を選択すること、そして、プロジェクトの経済評価やPPP事業の事業範囲を決定して、PPP事業として経済的に受け入れられるかどうかを、経済的事前評価によってスクリーニングすることが業務内容となる。

　このような業務を通して得られる成果物は、技術的解決方法の概要、経済的な分析、資金調達の事前分析等を含めたPPP事業のスクリーニング報告書および事業管理計画となる。資金調達の事前分析とは、事業として採算が取れるのか、金融機関が融資する可能性はあるのか等、を調査するものである。

　例えば水道事業であれば、人口増、個人当たりの水の使用量の増加、配水エリアの拡大、高層ビルの乱立等による水圧の減少等、さまざまな要素から、浄水量の拡大が必要だということになれば、マスタープランにおいて、事業を検討し、案件のスクリーニングを行う。このようなスクリーニングはマスタープランの作成段階で行われる。

図表16-2　事業プロセスサイクル　フェーズ1　スクリーニング

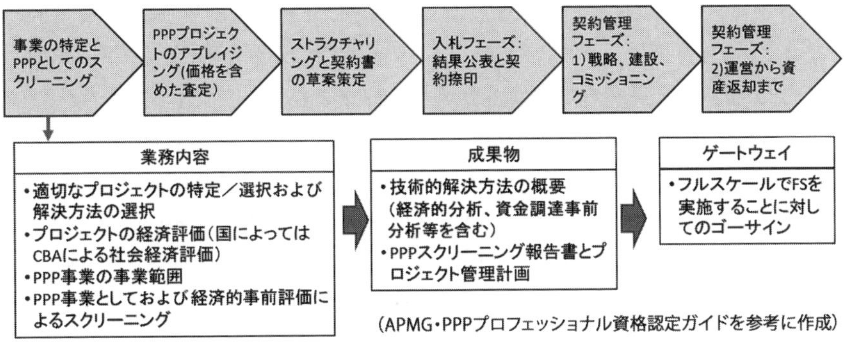

（APMG・PPPプロフェッショナル資格認定ガイドを参考に作成）

16.3　PPP事業のアプレイジング（価格を含めた査定）のプロセス

　次のプロセスがFSである。ここでは、PPPプロジェクトのアプレイジング（すなわち価格を含めた査定を行うプロセス）という言葉を使っている。

　具体的な業務内容は、（プロジェクト概要の詳細化や予備設計等を行って、）事業範囲の見直しや再設計を行い、技術的実現可能性調査、環境影響評価を行うことである。

　また、費用便益分析を用いた社会経済実現可能性調査を行う、そして、PPP事業として成り立つかどうかの商業的実現可能性の調査を行う。さらに、マーケットサウンディング、つまり、市場調査を行う。これらの結果を用いて、PSC分析を行って、PPP支払許容額の確認を行う。その上で、リスク評価とデューデリジェンス、すなわち事業の精査分析を行い、プリストラクチャリング、すなわち想定上の事業ストラクチャーを決定し、具体的な調達ルート、すなわちどの部署が責任を取って調達業務を行うのか、担当は誰にするのか等の決定と今後の計画を立案する。

　ここで、聞き慣れないPSC分析という言葉が出てきたので、ちょっと説明しておく。PSCとは、パブリックセクターコンパラターの頭文字をとったアクロニムで、民間事業者の提案と比較する公共セクター（パブリックセクター）のコンパラター、つまり民間事業と比較する対象となる行政実施モデルのことである。民間事業者に提案させずに、自分たちで、施設を設計して調達した場合に、どのような施設機能を持ったものを整備し、その費用がどのくらいかかるのかを分析したものである。

　このようなPSCと民間提案予測を比較する作業の結果として出てくるものが、「実現可能性報告書」すなわちFSレポートである。このFSレポートには、公共として年間予算の中から支払うことが可能な「支払許容額、商業的実現可能性、継続および非継続提案」が記載される。この時の支払許容額については、サービス料金の観点から算定を行い、支払許容額に応じて、事業期間と施設の残存価値等も考慮するものとする。継続、非継続提案とは、その実現可能性報告書の結果として、案件を継続するのか、それとも、継続しないのかを決定することである。つまり、このFSレポートによって、投資が決定され、調達手法の決定内容が決まるのである。

　そして、事業スコープの見直し結果、事業設計をまとめ上げる。また、暫定的

にPPP事業としてのストラクチャリングを想定し、担当する部署による調達計画および事業管理計画を示す。

このFSレポートによって、具体的に事業を予算化し、ストラクチャリング（具体的な官民分担および予算確保等の作業）をスタートするに当たってのゴーサインを出すかどうかを決定する。つまり、このFSレポートが事業を実現化させるかどうかの判断をする根拠になるわけである。

なお、事業プロセス全体を理解した上で、FSを実施するのと、事業プロセス全体を理解せずに、FSを実施するのでは、事業実施段階での課題対応に大きな差が出るので、事業プロセスの理解は不可欠である。

図表16-3　事業プロセスサイクル　フェーズ2　アプレイジング（FS調査）

| 事業の特定とPPPとしてのスクリーニング | PPPプロジェクトのアプレイジング（価格を含めた査定） | ストラクチャリングと契約書の草案策定 | 入札フェーズ：結果公表と契約捺印 | 契約管理フェーズ：1) 戦略、建設、コミッショニング | 契約管理フェーズ：2) 運営から資産返却まで |

業務内容	成果物	ゲートウェイ
・プロジェクトの事業範囲の見直しおよび再設計（事業概要の詳細化、予備設計）、技術的実現可能性調査と環境影響評価 ・社会経済実現可能性調査(フルCBAの実施) ・PPPの商業的実現可能性、マーケットサウンディング、PSC分析、PPP支払許容額 ・準備とデューデリジェンス(リスク評価とDDの実施) ・プリストラクチャリング ・調達ルートの決定と計画	・実現可能性報告書（支払許容額、商業的実現可能性、継続および非継続提案）⇒（投資決定と調達決定） ・事業スコープの見直し/事業設計 ・暫定的PPPストラクチャリング ・調達計画と事業管理計画	・ストラクチャリングに対するゴーサイン

実現可能性報告書

（APMG・PPPプロフェッショナル資格認定ガイドを参考に作成）

16.4　PPP事業のストラクチャリングと契約書の草案策定のプロセス

FSの次の段階で行うのが、事業のストラクチャリングと契約書の草案策定である。

まず、事業契約の最終ストラクチャーの決定を行う。具体的には、資金調達リスクの確認、支払メカニズムについての分析、ペンディングであった項目を含めたデューデリジェンスの準備が行われる。

そして、これまで行ってきた、経済分析、財務・商業的分析、PSC分析、支払可能額分析等を見直す必要がないかどうかを確認する。

さらに、要求水準を満たす行政提案の一つである参照設計を行い、技術的要素とアウトプット仕様書を作成する。参照設計とは、民間に設計施工で事業計画を立案してもらう際に、公共が自分たちでやるのなら、どのような設計を行うかを民間に提示するものである。

　PPP事業では、アウトプット仕様書と呼ばれるサービス提供に関連する仕様書が用いられ、施設整備後の機能や容量、パフォーマンスで表す。この時、具体的にどのようなものを作るのかは記載しない。そして、このような機能や容量、パフォーマンスを満たした参照設計で施設の事例を示すことにより、事業者にソリューションのイメージを分かりやすく説明すると同時に、公共の提示した案を民間の持つノウハウを使って改善したものが提案されることを期待するのである。また、このようなサービス提供に関わる機能や容量、パフォーマンスで表すことによって、設計内容や提案内容が異なっていたとしても、同等の成果が出せるものとして、競争比較できることになる。

　その他、ビジネス条件を設定し、契約ストラクチャー関連項目を決定する。ここでは実施契約管理戦略や具体的に活用するツールを絞り込む。

　そして、Request for Quotation（RFQ）を検討・構造化した上で草案を作成し、評価基準を策定する。この段階で入札価格の書式も作成する。

　さらに、Request for Proposal（RFP）を検討・構造化した上で草案を作成し、提案要求項目と評価基準を策定する。この段階で技術提案の書式も作成する。

　最後に契約案を最終化する。契約書はFIDIC等のひな形のものをベースに作成する。

　ここの成果物は、一言でいえば、入札図書であり、1）入札指示書、2）要求水準書（技術、運営、参照設計、スケジュール）、3）DBO契約書、PPP契約書等、である。入札後に、契約を締結する際には、これらに、事業者の4）提案書（施設設計、施設整備、コミッショニング、品質管理、安全衛生、運営、研修、維持管理、修繕、施設引渡、運営引継等）が加わることになる。

　入札図書の構成要素として重要なものが、最終的な予算、入札シーリング額、Price Bid Form（価格入札書式）、Technical Bid Form（技術入札書式）、契約書である。

図表16-4　事業プロセスサイクル　フェーズ3　ストラクチャリング（入札図書作成）

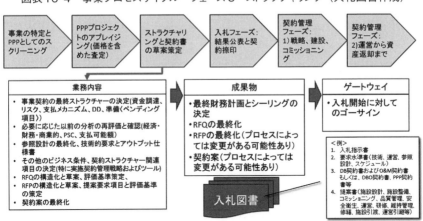

（APMG・PPPプロフェッショナル資格認定ガイドを参考に作成）

16.5　入札のプロセス

次は入札のフェーズである。

入札には、応札者の事前資格審査をする場合としない場合がある。事前資格審査なしの入札にも資格審査が含まれているので、構成内容はほぼ同じである。この審査は、入札前に行うか、入札と一緒に行うかに関わらず、厳しすぎると競争が働かなくなり、緩すぎると入札者が増えすぎて過度な作業になるので、十分な検討が必要になる。

資格審査が終わると、入札図書を配布する。そして、その入札図書に対する質疑応答を行い、必要な場合には追加情報を発行する。

事業者との質疑応答段階で競争性を保つためには、応札候補者を集めて対話をするのではなく、それぞれの応札候補者と別々に対話を行う必要がある。このような応札候補者との対話方式を競争的対話と呼ぶ。

また、必要に応じて、サービスに関連する要求水準書の内容や、契約内容も、競争的対話によって入札前に調整することもある。この場合、対話前に準備した要求水準や評価基準で適切な競争が働くかどうかを応札候補者と確認する。そして、必要に応じて要求水準や評価基準を見直す。この競争的対話方式による応札候補者との対話を通して、RFPと契約を最終化した上で、入札公示し提案を

募る。

　公示後さらに応札候補者から質問がある場合は、質疑応答の後、提案入札を受け取り、提案の評価を行い結果を判断する。ここで「優先交渉権者」と呼ばれる最優秀提案を出した事業者を選定し、事前に設定したプロセスを踏んで提案内容を明確化する。

　契約の結果を公表し、契約締結のために事業者召喚する。この時、前提条件を再確認した上で、契約を締結する必要があるが、事業契約締結、融資契約締結および直接契約締結の日付を一致させることで、官民のリスク分担が適切であることを金融機関と確認することが重要である。

　このプロセスにおける最終成果物は契約書であり、契約に捺印することで、入札フェーズが終わり、次の契約管理フェーズに移る。

図表16-5　事業プロセスサイクル　フェーズ4（入札）

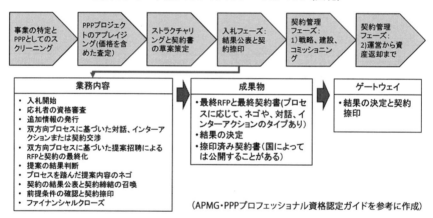

（APMG・PPPプロフェッショナル資格認定ガイドを参考に作成）

16.6　契約管理フェーズにおける施設整備のサブ・フェーズ

　契約管理フェーズは、施設整備のサブ・フェーズと、施設整備後の運営管理のサブ・フェーズで構成される。まず、施設整備のサブ・フェーズから説明しよう。前のフェーズで説明した入札手続きでの契約締結が終わると、発注者としての契約管理チームを構成し、戦略を確定する。

　一般的に、サービスのパフォーマンスベースでの契約は、コンサルタントが必要

な設計施工である場合は、設計の管理と承認のプロセスが必要となる。

　現場のセットアップおよび引き渡しが行われ、建設が開始される。そして、建設のモニタリングを行う。また、必要に応じて、変更対応、クレーム対応、係争などの管理が必要となる。

　建設が終われば、コミッショニングテストを行い、施設利用が開始され、維持管理運営がスタートする。

　ここでの成果物は、建設途中での契約書類に対する変更関連の書類である。

　必要に応じて変更は承認されながら、建設フェーズが続き、コミッショニングテストで施設が完成し、このフェーズが終わる。

図表16-6　事業プロセスサイクル　フェーズ5　契約管理（施設整備）

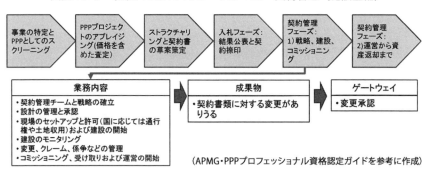

（APMG・PPPプロフェッショナル資格認定ガイドを参考に作成）

16.7　契約管理フェーズにおける運営管理のサブ・フェーズ

　最後の運営管理のサブ・フェーズでは、運営上のサービスパフォーマンスのモニタリングが行われる。多くの場合、計画段階からセルフモニタリングの仕組みを構築していれば、発注者は、報告を受けるだけで、それほど能動的にサービスパフォーマンスモニタリングの新たな作業が必要ではない。

　ただし、必要に応じて、新たなサービスを事業者に要求したり、事業者責任以外で問題が発生したり、事業者自身が問題を起こした場合には、契約の変更、クレーム、係争を管理する必要がある。

　契約期間が終了すれば、施設を返却する必要がある。施設返却と運営の返還をすることで案件を終了させる。

契約期間中の変更には、事前に調整内容を算定式で規定できるものと、できないものがある。事前に算定式を規定できないものに対しては、課題対応のプロセスだけを決めておき、そのプロセスに基づいて契約変更を行う。いずれにせよ、必要な変更は承認され、案件が終了する。

　本章から分かるように、PPP事業は発注者が抱えている課題、求めるサービスのパフォーマンス・機能・容量等を示した上で、具体的な解決策は事業者が提案する。そのため、事業者の提案内容によっては、運営段階において発生する問題も変動する。このような因果関係を想定した上で、手段や手法にとらわれないFSを実施することが極めて重要であることに留意する必要がある。

図表16-7　事業プロセスサイクル　フェーズ6　契約管理（運営から返却まで）

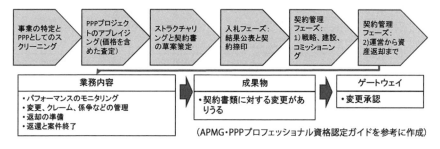

（APMG・PPPプロフェッショナル資格認定ガイドを参考に作成）

添付資料

仕様書事例

サービスレベル仕様書（2004年2月版）

　以下は前著に添付した2004年2月版の仕様書の目次である。順番や未整備資料等の違いを除き2006年版と同じ内容である。

仕様書事例（2004年2月版の目次）

　サービスレベル仕様書の構成

　　目次

　　項目A　はじめに

　　項目B　一般サービス仕様書　（共通仕様書）

　　項目C　特定サービス仕様書

　　特定サービスは、以下のものを含む。

　　　1.　不動産サービス

　　　2.　清掃サービス

　　　3.　ケータリングサービス

　　　4.　ヘルプデスクサービス

　　　5.　グラウンドおよび植栽サービス

　　　6.　リネンサービス

　　　7.　ポータリングサービス、郵便サービスおよび死体安置所管理も含む

　　　8.　保安警備サービス

　　　9.　医療機器

　　10.　廃棄物処理サービス

　　11.　害虫駆除サービス

　　12.　駐車場サービス

　　13.　受付サービス

　　14.　ユーティリティー（水道光熱）管理

　　15.　滅菌供給サービス

　　16.　資材管理サービス

　　17.　宿泊施設管理サービス

　　18.　託児所サービス

　　19.　病棟清掃サービス

　　20.　財務サービス（未整備）

　　21.　情報管理およびシステム管理（未整備）

　　22.　非救急患者移動サービス（未整備）

　　23.　宅急便サービス（未整備）

サービスレベル仕様書（2006年10月版）

以下は、前述した仕様書を2006年10月に見直し、公表したものである。

ただし、2022年8月時点では、HM TreasuryのWeb-siteにおいて、これらの開示情報のアーカイブを見つけることはできなかった。

ここでは、開示された特定サービス仕様書の内、前著でも公表した相互関連性のある特定サービスとして　1. 不動産サービス、9. ヘルプデスクサービス、および10. 清掃サービスについてのみ提示する。

全体構成

項目A　はじめに

項目B　一般サービス仕様書

項目C　特定サービス仕様書

特定サービス仕様書は以下の特定サービスを含む。

1. 不動産サービス（P.200 ～ 223に添付）
2. グラウンドおよび造園サービス
3. ペストコントロールサービス
4. 高熱水関連サービス
5. ポータリング（郵便配送等）サービス
6. 宿泊施設管理サービス
7. 資材管理サービス
8. 駐車場および交通管理サービス
9. ヘルプデスクサービス（P.224 ～ 230に添付）
10. 清掃サービス　（P.231 ～ 241に添付）
11. 警備サービス
12. ケータリングサービス
13. 受付サービス
14. テレコミュニケーションサービス
15. リネンサービス
16. 託児サービス
17. 医療機器メンテナンスサービス
18. 廃棄物管理および処理サービス
19. 殺菌サービス
20. 病棟清掃サービス
21. 移動サービス

項目A：はじめに

1. 全体の構成についての説明

1.1 本サービスレベル仕様書は、本全体構成説明（項目A）、一般サービス仕様書（項目B）と特定サービス仕様書（項目C）とで構成されている。事業会社は一般サービス仕様書と特定サービス仕様書の両方が求める要求を満たさなければならない。

1.2 一般サービス仕様書は発注者の要求する包括的な要求を詳細に記述している。

1.3 特定サービス仕様書は追加的な特定サービスが求める個別の要求事項に関して詳細に記述している。

項目B：一般サービス仕様書

1. 構成

- 概要
- 用語の定義
- 主要目的
- サービスの範囲
- 特定要求項目
- 除外項目
- 継続改善指標
- 添付資料

2. 概要

2.1 この"第1部　項目Bサービスレベル仕様書"は、NHSトラストのサービスレベル仕様書に含まれたものである。

2.2 事業者は、項目Cの特定サービス仕様書に記載されたサービスを提供するに当たり、それに関連する全ての項目Bの要求を満たさなければな

らない。

3. 用語の定義 （省略）

4. 主要目的

4.1 サービス提供に当たり、事業会社は次の主要目的を満たさなければならない。

(a) NHSトラストの運営に対する混乱を最小限に抑えること。

(b) 安全な労働慣行を活用した安全な環境を維持すること。

(c) 健全な技術および運用上の要件や基準に基づいた、効率的で迅速な包括的かつ効果的なサービスを提供すること。

(d) 認識されたリスクを評価し管理するシステムを運営することによって高い水準を維持し、その水準から漏れたものを認識し修正すること。

(e) 良い業界の慣行を用いて、バランスの取れた組織スタッフ、機材、スタッフ訓練のもとで、効果的な管理システムの活用、明確なパフォーマンス目標の設定、適切なレベルのモニタリングの実施を通して、求められるサービス水準の達成を確実にすること。

(f) 患者やNHSトラストのニーズの変化、トラストの要求や病院の環境に対応した柔軟なサービスを提供すること。

(g) サービス供給およびサービス品質を改善するために、変化・開発・イノベーションの継続的なプロセスと合体した品質確保プロセスの中で働くこと。

(h) 人間の尊厳とプライバシーを守り、親身で、患者、訪問者やスタッフの要望や期待を満たす患者に焦点の当たったサービスを提供すること。

5. サービス範囲

5.1 一般サービス仕様書は以下のセクションに分割できる。

(a) リーダーシップの分野

(i) マネジメント

（ii）継続改善

　　　（iii）パフォーマンスモニタリング

　　　（iv）月次報告

　（b）スタッフと開発の分野

　　　（i）雇用

　　　（ii）研修と職務就任

　　　（iii）人的資源の課題

　（c）方針と戦略の分野

　　　（i）法的義務および法律

　　　（ii）NHSの要求とトラストの方針

　　　（iii）健康安全

　　　（iv）品質確保

　　　（v）環境管理

　　　（vi）非常事態計画

　（d）パートナーシップと資源の分野

　　　（i）連絡

　　　（ii）トラストの代表者

　　　（iii）機器

　　　（iv）サービス提供者の承認リスト

　　　（v）顧客サーベイ

5.2　事業会社はサービス仕様書に基づいてサービスを提供するために必要な
　　ものを全て提供しなければならない。以下はその代表的なものを掲示す
　　るが、これらに限られたものではない。

　（i）労務

　（ii）材料

　（iii）プラント

　（iv）機器

　（v）消耗品

6. パフォーマンスモニタリング

6.1 パフォーマンスモニタリングによってそれぞれのパフォーマンス要素が達成できていることを証明しなければならず、指標等を満たしていない場合は、達成できていないことになる。

6.2 発注者から要求があった場合には、要求された時間、要求を完了した時間、そして、その要求は、要求された時間内に完了できたのかを記録に残さなければならない。

7. 一般的要求

参照	パフォーマンス要因	未達成重要度	復旧許容時間	モニタリング手法
	リーダーシップ			
	マネジメント			
GP01	事業会社は、トラストと合意した管理体制、責任および、通信方法で運営しなければならない。事業期間中にこのような構造に重大な変更がある場合は、その変更の1カ月前までにトラストの承認を得なければならない。	中	1週間	月次進捗会議で確認。未報告を未達成と見なす。
GP02	事業会社は、本サービスの提供を容易にし、事業会社とトラストがトラストのそれぞれの部門の日々の特定の要求を理解するために、トラストと合意した通りに毎月の会議を開催しなければならない。	中	1日	定例会議に適任者で情報を知っている者が参加。
GP03	事業会社は、トラストとの合意に基づいてシステムや制御を実装し、全てのサービスにおいて不動産、現金、商品を保護しなければならない。	低	1日	合意されたシステム。未報告を未達成と見なす。
GP04	事業会社は、トラストの要求から24時間以内に検査できるように、全てのサービスの財産、現金や商品を保護するためのシステムおよび制御に関連した利用可能な適切な記録をしなければならない。	低	1日	要求された時間内に記録が閲覧できること。
GP05	事業会社は毎月のサービス管理報告書が合意された様式と品質で、各契約月末から5営業日以内にトラストの代表者に提供されていることを確認しなければならない。	低	1日	完成した正確な報告書を締め切りまでに提出。
GP06	事業会社はサービス提供に関しての修正が、添付資料10の要求に基づいてトラストと合意されたものであることを確実にしなければならない。	低	1日	月次報告書の中で報告。未報告を未達成と見なす。

参照	パフォーマンス要因	未達成重要度	復旧許容時間	モニタリング手法
GP07	事業会社は、トラストの内部向けおよび外部向けの広報活動に役立つような情報が求められた場合、要求から5日以内に当該情報をトラストの承認を得た上で、情報を受け取るべきものに対して確実に渡すこと。	低	1日	締め切りまでに提出。
GP08	事業会社は、トラストの内部向けおよび外部向けの広報活動に役立つような情報が求められた場合、要求から5日以内に当該情報をトラストの承認を得た上で、情報を受け取るべきものに対して確実に渡すこと。	低	1日	締め切りまでに提出。
GP09	事業会社は危険や安全警告はトラストと合意された手続きで、識別され、通知され、実施されていることを確認しなければならない。	中	1日	トラストと合意した手続未報告を未達成と見なす。
GP10	事業会社は要求されてから5日以内に、NHSの要求、例えば"より良い健康のための標準化"に対して、トラストが対応できるように、トラストが要求するサービスに関連する情報を提供しなければならない。	中	1日	締め切りまでに提出。
	継続改善			
GP11	各契約年度の開始時に、事業会社は、トラストと協力して、継続的改善指標の年間パフォーマンス範囲を合意しなければならない。範囲の設定は以下のようにすること。 a) 現在のパフォーマンスは、官民の双方がどちらの方向にもパフォーマンスの傾向を識別することができるように黄色の中に収まっていること b) 一つの色から別の色への動きは、合理的に契約年にわたって予想される可能性があること c) 上記のa)であったとしても、当年度の設定範囲は、前年の範囲よりも低い水準に設定してはならないこと	低	1週間	継続改善指標においてトラストと合意した範囲のパフォーマンスを出すこと。
GP12	事業会社はトラストの代表者に対して、四半期毎に、継続的改善指標に対するパフォーマンスを報告しなければならない。	低	1日	四半期終了時にトラストに報告書を提出する。
GP13	もしパフォーマンスが赤のレンジに入った場合は、事業会社は10営業日以内にトラストの代表者との会議を手配し、出席しなければならない。そして、会議の終わりまでに、事業会社は次のことを考慮した行動計画をトラストの代表者と合意し作成しなければならない。 a) 継続的改善指標の達成される結果、および現在の関連する政策戦略および、または方法論	低	1日	規定した期間内に合意したアクションプランを準備すること。

参照	パフォーマンス要因	未達成重要度	復旧許容時間	モニタリング手法
	b) 計画と開発方針の戦略および、または、パフォーマンス向上戦略			
	c) 新しい戦略方針の展開プログラムまたは、その方法論			
	d) 合意されたモニタリングと報告のためのプログラムと方法論			
	e) 新しい戦略方針と方法論を見直すためのプログラム			
GP14	事業会社は合意した期間中に、合意した行動計画を実施しなければならない。	高	1日	合意された行動計画を実施すること。
GP15	事業会社は、行動計画の有効性を確立するために必要なモニタリングやレビューを実施するか、もしくは新たに判明したすべての調査結果を行動計画で規定した期間内にトラストに報告すること。	中	1週間	プログラムに基づいて合意したモニタリングを実施すること。
	パフォーマンスモニタリング			
	月次報告			
GP16	事業会社はモニタリング報告書を準備し、契約月終了後の平日の[5日]以内にトラストに配信しなければならない。モニタリング報告書は、終了した契約月に関する次の情報を含まなければならない。	高	1日	締め切り日までに完了した正確な報告書を受け取ること。
	a) パフォーマンスモニタリングプログラムに基づいて実施されたモニタリングと判明した内容のまとめ			
	b) 契約月中にヘルプデスクに報告された全てのインシデントおよび追加サービスリクエストの概要。これには、全ての現場確認/完了/安全確保と修正許容時間および完了した時間が含まれる			
	c) 全ての使用不可事象と影響を受けた機能部分のまとめ			
	d) 全てのパフォーマンス障害のまとめ；対応されなかった、または、時間内に修復されなかったそれぞれのパフォーマンス障害の期間、パフォーマンス障害の開始された日付と時間およびそれが終わった日付と時間を含む			
	e) 該当する従量関連データ（提供されたエネルギー消費、ケータリング/リネン等）			
	f) サービス支払いに対する従量料金関連の調整			

参照	パフォーマンス要因	未達成重要度	復旧許容時間	モニタリング手法
	g）パフォーマンス低下と利用不能事象に関するサービス支払いからの控除			
	誤解を避けるために記載すると、全ての報告書にはそれぞれのパフォーマンス低下および／または利用不能事象が発生した機能領域、ユニットまたはサービスを明確に記載しなければならない。			
	トラストは、事業会社に対して報告書を受け取ってから10営業日以内に、モニタリング報告書の内容を受け入れるかどうか、および決着しなかった項目についての詳細を提供しなければならない。モニタリング報告書がトラストに合意された場合は、事業会社は（スケジュール18を参照の上）支払通知に記載された金額の請求書を発行しなければならない。係争解決手続の結果は、係争解決後の最初の支払通知に反映される。			
	スタッフと開発			
GP17	事業会社のスタッフは、トラストの方針に従って、雇用前の健康チェックと継続健康診断を受けなければならない。	高	1日	スタッフの記録に関しての月次レビュー。報告がない場合は満たしていないと見なす。
GP18	事業会社は、次の活動に従事する、または次の活動が行われるエリアに従事する全てのスタッフの詳細（CRBチェック（犯罪履歴確認）を含む）を、仕事を始める前に承認してもらうためにトラストに提出しなければならない。 a）小児科 b）産婦人科 c）保育園／託児所 d）[その他はトラストが記載する] および／または次の特定活動の機能 a）セキュリティ b）荷物運搬人 c）[その他はトラストが記載する]	高	1日	スタッフの記録に関しての月次レビュー。報告がない場合は満たしていないと見なす。
	研修と職務就任			
GP19	事業会社は全てのスタッフの正確で包括的な研修記録が、要求されてから24時間以内にトラストの代表者に提供しなければならない。	中	1日	スタッフの記録に関しての月次レビュー。報告がない場合は満たしていないと見なす。

参照	パフォーマンス要因	未達成重要度	復旧許容時間	モニタリング手法
GP20	事業会社は、毎年（もしくは状況の変化が生じた場合にはいつでも）トラストの承認を得るために、スタッフのための適切な入社プログラム、内容、および提供する形態を開発し、維持しなければならない。プログラムは、最低でも、付録Aに記載されている就業前および終業後の研修項目を含まなければならない。	低	1週間	毎契約年度が開始する前に年度レビューを完了すること。
GP21	事業会社はサービス提供に関わる全ての新しいスタッフに、現場での業務を遂行するに先立ち、入社プログラムの中の関連性のある要素に取り組ませなければならない。入社プログラムに記載されているその他の全ての訓練はトラストと合意したプログラムにしなければならない。	低	1日	スタッフの記録に関しての月次レビュー。報告がない場合は満たしていないと見なす。
GP22	事業会社はサービスの提供に従事する全てのスタッフに対して以下の内容を、いつも、適切にかつ的確に通知し、訓練し、指示しなければならない（専門能力開発を継続する方法があれば合理的に実行することを含む）。 a) 個人として実行しなければならない職務 b) 実行する職務に関連するサービスレベル仕様の全ての条項 c) サービスに関連する有効な指示や手順 d) 仕事における健康と安全に関する全ての危険、ルール、方針および手順、および、全ての必須で法的要件となっているもの e) 火災予防、火災時の手続きや消防規則（HTM81） f) いつも礼儀正しく、配慮を行い、守秘義務を順守することをスタッフに求めること g) 必須基準および要件に基づいて、施設内のエネルギーと資源の効率を改善すること h) "地方の労働力を支援する戦略開発の国家的枠組み"の要求についての認識 i) "Skills for Health"が発行する国家職業標準 誤解を避けるために記載すると、事業会社はスタッフを合意したプログラムに従い、義務的なトラストの研修に出席させるために、スタッフを休職させなければならない。事業会社は、自身の費用で、適切に訓練された交代スタッフを雇用することによって、サービス提供の水準や品質を損なわないようにしなければならない。	中	1週間	スタッフの記録に関しての月次レビュー。報告がない場合は満たしていないと見なす。

参照	パフォーマンス要因	未達成重要度	復旧許容時間	モニタリング手法
GP23	事業会社は、スタッフに対して全国的に認められた"国家職業資格"のようなスキームへの認定トレーニングをスタッフが受けられる機会を提供していることを実証しなければならない。	低	1週間	半年毎に事業会社の研修方針と実施された研修をレビューする。
GP24	事業会社は、サービスを遂行するスタッフの職務の性質を考慮して、全てのスタッフが予防接種を受けられるようにすること。そして、それには、トラストの継続的な指示および手順に従って、破傷風およびB型肝炎に対する予防接種を含むこと。	中	1日	スタッフの記録に関しての月次レビュー。報告がない場合は満たしていないと見なす。
GP25	事業会社のスタッフは疫病の発症や害虫の証拠についての訓練を受け、疫病/害虫もしくは疫病や害虫の証拠を見つけたときは、すぐに害虫駆除サービスへ報告しなければならない。	中	1日	スタッフの記録に関しての月次レビュー。報告がない場合は満たしていないと見なす。
	人的資源			
GP26	事業会社のスタッフは、施設内での仕事中は、適切な制服や作業服を適切に、かつ体裁良く着なければならない。	中	1時間	未実施を不履行と見なす。
GP27	事業会社のスタッフは、割り当てられた業務に見合った個人レベルでの衛生水準を維持しなければならない。	中	1時間	未実施を不履行と見なす。
GP28	事業会社のスタッフは、勤務中はトラストが承認したIDバッジをいつも付けていなければならない。	中	1時間	未実施を不履行と見なす。
GP29	事業会社は、トラストのスタッフ、患者、訪問者が健康や安全において危険にさらされるかもしれないスタッフの病気についてトラストに報告する手順を開発・導入しなければならず、トラストのスタッフ、患者、訪問者の健康および/または安全性を損なう可能性を有する疾患を持つものであることを知った上で接触する事象を特定できなければならない。 誤解を避けるために記載すると、これには労働衛生局がハイリスクであると見なす国へ海外旅行に行って最近戻ってきたスタッフを含むものとする。事業会社はこの点においてトラストの方針を順守しなければならない。	中	4時間	毎月手順をレビューする。報告がない場合は満たしていないと見なす。
	方針と戦略			
	NHSの要求とトラストの方針			
GP30	事業会社は、サービスを一般的基準に従って確実に提供させること。サービスに関する一般的基準の順守には、以下の順守が含まれると見なすが、これらに限定されるものではない。	高	4時間	未実施を不履行と見なす。

参照	パフォーマンス要因	未達成重要度	復旧許容時間	モニタリング手法
	a）英国規格、行動規範または、同等の基準			
	b）NHSの計画			
	c）HBNs（健康関連建築物の注釈）			
	d）HTMs（健康関連技術メモランダム）			
	e）HGNs（健康ガイダンスノート）			
	f）HFNs（心不全ナースサービス）			
	g）建築法令			
	h）火災安全要求、特に消防規則（HTM81）を含むが、これに限定されるものではない			
	i）障害者差別禁止法1995			
	j）仕事上の健康と安全に関する法1974			
	k）データ保護法1998			
	l）環境保護法1990			
GP31	事業会社はサービスをトラストの方針に基づいて確実に提供すること。	高	4時間	未実施を不履行と見なす。
GP32	事業会社は、トラストの活動への影響を最小限に抑えるリスクアセスメントを組み込んだ事業活動の方法書を作成し、それがトラストから要求された場合は24時間以内に提示しなければならない。	低	4時間	許容時間内に情報を受け取る。
GP33	事業会社は、確実にこれらの事業活動の方法書に従ったサービスを提供しなければならない。	中	1日	毎月手順をレビューする未実施を不履行と見なす。
GP34	事業会社は、提案した全ての作業慣行について、指定されたトラストの代表者（患者および公的代表者を含む）および必要に応じて所管官庁から、実施前に承認を取得しなければならない。	低	1週間	未実施を不履行と見なす。
GP35	事業会社はサービスの提供に関連して、全てのサービス提供のタイミング、トラスト職員の関与、および地域の作業慣行について、以下から承認を得るものとする。 a）トラストサービスの提供、または患者、トラスト職員および訪問者の快適さおよび/または健康に影響を与える可能性のあるサービスを提供したり、措置を講じたり、または措置を講じる準備をする場合は、病棟および部門からの承認 b）特定のトラストの代表者による承認 c）サービス提供に関する当局からの承認	高	1日	未実施を不履行と見なす。

参照	パフォーマンス要因	未達成重要度	復旧許容時間	モニタリング手法
	このようなトラストからの承認は、サービス開始前に、権限を持つトラストの代表者によって書面で確認されるものとする。			
	健康安全			
GP36	事業会社は、サービス開始に先立って、サービスの全ての側面に関連する総合的な安全衛生マニュアルを提出し、その後、四半期レビューを行わなければならない。	高	1日	四半期毎に健康と安全のマニュアルをレビューする。
GP37	事業会社は、サービスが事業会社の現在の安全衛生マニュアルに従って提供されていることを確認しなければならない。	高	4時間	報告がない場合は不履行と見なす。
GP38	事業会社は、法的な健康と安全に違反した場合は、トラストと合意した通りに運営し、手続きを着実に実行しなければならない。	高	4時間	手続きをトラストと合意する。報告がない場合は満たしていないものと見なす。
GP39	事業会社は、各契約年の開始時に、適切な資格を持つ安全アドバイザーが、過去12カ月以内にトラストの安全衛生方針と手順に照らして、事業会社の安全衛生の方針と手順を確認したことを確認すること。	高	1週間	未実施を不履行と見なす。
GP40	全ての事業会社のスタッフは（BSまたはEUが承認した）適切な個人用保護具（PPE）および衣服を着用しなければならない。これらには以下を含むが、以下に限定されるものではない。 ・制服 ・手袋 ・ゴーグル ・プラスチックエプロン ・履物	中	1時間	未実施を不履行と見なす。
GP41	事業会社は、適切な応急処置施設が設けられており、関連する在勤の応急処置担当者の名前が明確に識別されていることを確認しなければならない。	高	1時間	未実施を不履行と見なす。
GP42	事業会社は、健康と安全の記録と文書を維持更新しなければならず、トラストからの要求がある場合には、24時間以内に、検査のためにこれらを利用できるようにしなければならない。	高	1日	毎月記録をレビューする。許容時間内にトラストに情報を提供する。

参照	パフォーマンス要因	未達成重要度	復旧許容時間	モニタリング手法
GP43	事業会社は全てのスタッフに、"火災予防措置法1971"によって要求される訓練を確実に受けさせなければならない。	高	3日	毎月記録をレビューする。許容時間内にトラストに情報を提供する。
GP44	サービスの開始から【1年】以内に、事業会社は、品質保証システムであるISO9001の認定を取得しなければならない。そして、このような認定は、契約期間中維持されなければならない。	高	1週間	既存の認定をトラストが要求したときに利用できるようにしておく。
GP45	事業会社はそのサービス提供をISO9001認定に応じて確実にしなければならない。	中	1日	未実施を不履行と見なす。
GP46	事業会社は一般的基準に従い、そのサービス提供において発生した余剰の機器および、廃棄物を処分しなければならない。	高	1日	毎月記録をレビューする。未実施を不履行と見なす。
	環境管理			
GP47	サービスの開始から【1年】以内に、事業会社は、環境マネジメントシステムISO14001の認定を取得しなければならない。このような認定は、契約期間中維持されなければならない。	中	1週間	既存の認定をトラストが要求したときに利用できるようにしておく。報告されない場合は満たしていないと見なす。
GP48	事業会社はそのサービス提供をISO14001認定に応じて確実にしなければならない。	中	1日	報告されない場合は満たしていないと見なす。
GP49	事業会社は、NEAT（NHS環境評価ツール）を活用して作成された、実証可能な統合的で持続可能な開発指針を持つこと。	中	1週間	トラストが要求したときに方針が利用できるようにしておく。年度レビューを実施する。
GP50	事業会社は、サービス提供は、持続可能な開発政策に準じたものであることを確実にしなければならない。	中	1日	報告されない場合は満たしていないと見なす。
	非常事態計画			
GP51	事業会社はトラストおよび適切な第三者と協力して火災や避難に関する危機管理計画を作成し、少なくとも年に一度見直し、積極的に全ての利害関係者やスタッフにこれを周知しなければならない。	高	1週間	年度レビューを実施する。更新情報を報告する。
GP52	事業会社はトラストおよび適切な第三者と協力して防災計画に関する危機管理計画を作成し、少なくとも年に一度見直し、積極的に全ての利害関係者やスタッフにこれを周知しなければならない。	高	1週間	年度レビューを実施する。更新情報を報告する。

参照	パフォーマンス要因	未達成重要度	復旧許容時間	モニタリング手法
GP53	事業会社はサービス開始に先立ち、サービスに関連した緊急対応時の手配についての合意をトラストに提出し、四半期ごとに見直しを行わなければならない。	高	1週間	危機管理計画を利用できるようにしておく。四半期毎にレビューする。
GP54	事業会社は、少なくとも毎年サービスに関しての緊急対応時の手配の訓練を実施しなければならない。	高	1週間	毎年テストを実施する。
	パートナーシップと資源			
	連絡			
GP55	サービスがトラストの運営に影響を与える場合には、事業会社はトラストと以下の人たちとの定期的な連絡協定（プロトコル）を合意していなければならない。 a) 全ての病棟や部門（例えば現代版の女性監督者"マトロン"との毎週のケータリングについての会議） b) トラストの代表者としての、火災責任者、安全衛生アドバイザー、感染制御オフィサー、薬局のディレクター、防犯オフィサーを含むが、これに限定されるものではない c) 提供されるサービスに関する外部アドバイザーと法定機関 d) トラストが指定した患者の代表	中	1週間	四半期毎の打ち合わせのスケジュールをトラストと合意する。
GP56	事業会社は事前に選定したスタッフと全ての計画された会議に出席しなければならない。	中	1日	必要な情報を与えられた適切な参加者が計画された会議に出席する。
GP57	事業会社はトラストの方針に従って、トラストの資産に関連する記録や書類を保持しなければならない。要求がある場合には24時間以内にトラストが利用できるようにしなければならない。	高	1日	記録や書類が許容時間内に利用できる。
	NHSトラストの代表者			
GP58	事業会社は少なくとも毎月トラストの代表と会わなければならない。	高	1日	計画された会議に事前に選定された事業会社のスタッフが参加する。
	機器			
GP59	事業会社は、全てのプラント、機器、材料、消耗品およびサービスの提供に使用される化学物質を業界の最善の慣行と法的要件に従って確実に維持すること。	高	4時間	未実行を不履行と見なす。

参照	パフォーマンス要因	未達成重要度	復旧許容時間	モニタリング手法
GP60	事業会社は、全てのプラント、機器、材料、消耗品およびサービスの提供に使用される化学物質を事業会社が指定したエリアに確実に安全に格納すること。	高	4時間	未実行を不履行と見なす。
	サービス供給業者の承認リスト			
GP61	事業会社は、サービス提供に活用する全ての業者／供給者のトラストによる承認を確実なものにすること。	低	1週間	毎月、供給者や事業者をレビューする。未実行を不履行と見なす。
	顧客調査／質問			
GP62	事業会社は、各契約年度の開始時に、顧客満足度調査／アンケートの実施体制案を、内容、頻度、満足度結果を含めて、承認のためにトラストに提出しなければならない。	高	1週間	顧客満足調査の実施体制を締め切り日までに提出する。
GP63	事業会社はトラストと合意した実施体制に従って、顧客満足度調査／アンケートを実施しなければならない。	高	1週間	未実行を不履行と見なす。
GP64	事業会社は、顧客満足度が所定のしきい値を下回った場合、調査／アンケートから1週間以内に問題に対処し、当該期間内に求められる満足度を達成するための行動計画の承認を得なければならない。	高	1週間	未実行を不履行と見なす。
GP65	事業会社は合意された行動計画を実施し、行動計画の中で定義された期間内に調査／アンケートをフォローアップしなければならない。（この調査／アンケートから必要な満足度が達成されていないことが分かった場合には、上記GP64に従って追加のアクションプランが実施されなければならない）。	高	1週間	活動計画と調査／アンケートを締め切り日までに実施する。

8. 継続改善指標

KPI 番号	継続改善指標	パフォーマンスの幅		
		緑	黄色	赤
01	スタッフ離職率	< ( ) %	( ) ～ ( ) %	( ) %<
02	欠勤と傷病休暇率	< ( ) %	( ) ～ ( ) %	( ) %<
03	一人当たり研修時間	< ( ) no	( ) ～ ( ) no	( ) no <
04	1カ月・100人（WTE）当たりのRIDDOR（傷病、疾病、危険事故）数	< ( ) no	( ) ～ ( ) no	( ) no <
05	1カ月・100人（WTE）当たりのRIDDOR以外の安全衛生事象報告数	< ( ) no	( ) ～ ( ) no	( ) no <
06	PEAT（患者環境行動チーム）による評価点	< ( ) no	( ) ～ ( ) no	( ) no <
07	NEAT（管理者環境アセスメントツール）の評価点	< ( ) rating	( ) ～ ( ) rating	( ) rating <
08	適正なクレームの数	< ( ) no	( ) ～ ( ) no	( ) no <

注1：継続改善指標は、事業会社のパフォーマンスの動きを捉えるものである。この指標は、継続的な改善のツールとして使われることを意図したものであり、パフォーマンスが悪化する動きがあった場合に、発注者と事業会社の対話によってアクションプランを立案する機能を持っている。

　各サービスの仕様書の範囲内で継続的改善指標の例が設定されている。発注者は、独自の要件に合致するようにこれらの内容を調整することができる。ただし、次の原則を適用すべきである：

1　継続的改善の指標は、測定可能でなければならないこと。
2　継続的改善指標は入札書類を公表する前に定義する必要があること。
3　継続的改善指標は、主にサービス・プロバイダーが管理できるものであること。
4　継続的改善指標は、パフォーマンス測定要因と同じものを利用してはならないこと。

これらは、既にパフォーマンスのモニタリングとして報告されており、サービスプロバイダーは既にパフォーマンス測定要因に対してサービスを提供するインセンティブが与えられているからである。

添付資料A　入社プログラム［トラストによるレビューが必要］

事業会社は、最低限以下を入社プログラムに含まなければならない[11]。

a) 自分の仕事の役割における職務と責任
b) 現場および施設の地形
c) サービスプロバイダーおよび他の事業会社、請け負い業者、およびトラストの意思疎通、連絡ライン、判断上の組織階層
d) 安全衛生法および個人の業務上の役割の範囲内に関連するその他の法律の知識
e) トラストの健康と安全に関する方針、およびその他の全てのトラストの方針
f) サービスの提供に関連する機械の利用
g) 関連するコンピュータ・システムの利用
h) トラストのCOSHH（有害物質管理規則）研修によって習熟することを含んだ清掃関連の資機材の取り扱いおよび保管
i) 持ち上げと取り扱い
j) 顧客ケア
k) 個人衛生
l) 現場または施設内における適切な衣服と行動規範
m) 火災のリスクや火災に対する予防措置
n) 応急処置の訓練
o) 敵意のコントロールの仕方
p) ヘルプデスクの利用者に対する説明
q) 患者についての守秘義務
r) 感染症の制御
s) ［追加要素はトラストが説明すること］

---

11 最終的な入社プログラムはトラストと合意した上で、年度毎に見直しや法律の大幅な改正がある場合には従うものとする。

項目C：特定サービス仕様書 － 不動産サービス

1. 構成
- 概要
- 用語の定義
- 主要目的
- サービス範囲
- 特定要求項目
- 除外項目
- 継続改善指標
- 添付資料

2. 概要
2.1 事業会社は以下のサービスを含む不動産サービスを提供しなければならない。
    2.1.1 建物のあらゆる点における管理とメンテナンス
    2.1.2 サービスインフラの管理とメンテナンス
    2.1.3 機器のメンテナンス

2.2 不動産サービスは、1日24時間、365日（閏年は366日）提供されなければならない。

2.3 不動産サービスは、現場のあらゆるエリアに適用されなければならない。

3. 用語の定義（省略）

4. 主要目的
4.1 事業会社は、一般サービス仕様書に記載された目的に加えて、以下に記載する主要な目的を満たさなければならない。
    4.1.1 事業会社は、高品質で、適時な事前対策的な不動産サービスを提供することによって、建物構造、ビルディングサービス、公共衛生・光熱水供給システム、家具および器機からなる施設を

完全な状態にすることを確実にすること。

4.1.2 事後対応を限定することを確実にするための施設の維持管理業務を行うことによって、発注者の業務をなるべく妨げないようにすること。

4.1.3 患者やスタッフが健康で満足のいく状態であることが伝搬できるように美学的に満足のいく状態や環境を維持すること。

4.1.4 施設が地域の環境に対して危害を及ぼしたり人の危害となったりしないように管理すること。

5. サービス範囲

5.1 事業会社は、一般サービス仕様書に記載された目的に加えて、以下に記載する主要な目的を満たさなければならない。

5.2 一般サービス仕様書に定められた関連項目以外に、事業会社はこの特定サービス仕様書に従わなければならない。

5.3 特に明記しない限り、事業会社は、この特定サービス仕様書に基づいて遂行する業務に必要とされる必要な全てのプラント、機器、装置および消耗品を提供しなければならない。それらには、足場、クレーン、滑車、機械、工具またはその他の器具、および全ての仕事に必要なものを含み、その運搬、使用、その後の除去、補修、清掃の責任についても負うものとする。

5.4 事業会社は以下のことについて責任を負うものとする。

5.4.1 計画表8に基づいて建設された施設の全ての要素について。

5.4.2 計画表13にプロジェクト会社の責任で記載した機器、これには、通常現場外に設置される医療ローンの機器についても含まれなければならない。

5.4.3 メンテナンスは次について行う。

- 資本設備
- 収益設備
- トラストはITやコピー機等リース機械や自分たちが所有している機械の最も重要なメンテナンスについて事業会社に委託す

るかどうか検討する

5.5 一般サービス仕様や一般基準に記載した法律や指導に加えて、誤解が生じないように事業会社は付録Eに定める要件に十分な注意を払わなければならない。

5.6 事業会社は、いかなるメンテナンスの後においても、当該エリアがトラストの活動を効率的に行える状態になっていることを確認しなければならない。これに臨床洗浄を含め、必要な試運転、完了証明書および洗浄が含まれなければならないが、これらのみに限定されるものではない。

6. 特定要求

参照	パフォーマンス要因	未達成重要度	復旧許容時間	モニタリング手法
	報告の要求			
SP01	毎年の契約年が始まる際に、事業会社は一般標準で要求された施設についての報告リスト（いつ誰にそのようなレポートを事業会社が提出するのかを記載したもの）を提出しなければならない。	中	1週間	締め切りまでに完全な報告書のリストを発行しなければならない。
SP02	事業会社は一般基準で要求されたように、法定報告が行われたことを通知すると同時に、その報告書のコピーをトラストが入手できるようにした施設に関連した報告を提出しなければならない。	中	1日	締め切りまでにトラストに対して報告書を提出すること。
	スタッフの能力（コンピテンシー）			
SP03	事業会社は、本サービス仕様書の要件を満たすために必要な保守作業を行うために必要な、一般基準で要求される適切な数の認定者、有資格者、および適切な資格者を、24時間365（6）日にわたって提供するものとする。	低	1時間	トラストはいつも事業会社のスタッフの候補者を通知されるものとする。これが満たされない場合は要求の未達成とする。

参照	パフォーマンス要因	未達成重要度	復旧許容時間	モニタリング手法
	計画メンテナンス			
SP04	事業会社は、施設[および事業契約のスケジュール13に記載されている機器]に対して、条項28.11に基づいて、5年間のメンテナンス/ライフサイクル/改善計画をトラストに提供し、トラストが臨床活動への混乱を最小限に抑える計画を実行できるようにする。トラストが承認する5年間の保守計画は、少なくともサービス提供者の手法記載書事例の詳細レベルでなければならない。	低	1日	完成したプランを締め切り日までにトラストに提出。
SP05	事業会社は、条項28に基づいて、影響を受けた部屋（と影響の程度）および各作業項目の所要時間を詳述したプログラムメンテナンスの年間スケジュールを提供しなければならない。プログラムメンテナンスのスケジュールは、少なくとも、サービス提供者の手法記載所事例の詳細レベルでなければならない。プログラムメンテナンス活動は、施設、プラント、および設備が、サービス基準、[スケジュール8]、条件B、メーカーのオリジナル要件およびその後修正された仕様と保証、および一般基準に準拠するように計画されていることを実証しなければならない。	中	1日	完成したプランを締め切り日までにトラストに提出。
SP06	事業会社は条項28に基づいてプログラム化されたメンテナンスのスケジュールを四半期毎に更新し、提供しなければならない。	中	1週間	更新情報を締め切り日までにトラストに提出。
SP07	各契約月に、事業会社は、少なくともサービスプロバイダーの手法記載書にある例の詳細レベルにて、月次のプログラム化された維持管理報告書を提供しなければならない。報告書の内容は以下のリストの通りとする。 a）契約月に実施した全てのメンテナンス（計画的またはそれ以外）および、全ての不良事象の一覧表；不良事象は本特定サービス仕様書とそれまでにトラストと合意した不動産サービスの提供についての事業会社の手続きに関する要件に基づいて適合させなければならない b）人材育成の詳細、人事異動、テスト（法定、PAT、保険会社、レジオネラ菌）と、当月に発生した既に確立した労働慣行に対する変更および次の10週間に行われなければならない c）今後5週間の仕事と最低限以下の情報を含む詳細：	高	1日	完成したプランを締め切り日までにトラストに提出。

参照	パフォーマンス要因	未達成重要度	復旧許容時間	モニタリング手法
	• トラストの運営に支障を及ぼすと考えられる特定活動が行われる作業場所 • 安全衛生とCOSHH（有害物質管理規則）関連事項を含む・リスクアセスメント • 運用方法に関する説明書 • 作業が実施される期間 • 基準や達成すべき品質 • 資産の状態 • 利用する資源／下請け業者 • 必要な作業許可			
SP08	事業会社はトラストの活動への影響を考慮したリスクアセスメントを取り入れた計画および対応方法のための包括的な運用方法についての説明書を維持しなければならない。	中	2時間	要求から2時間以内に提出する方法を示したもの。
SP09	事業会社はトラストと連携してこれらの運用方法についての説明書の四半期毎のレビューを実施しなければならない。	低	1週間	四半期毎の見直しの実施。
SP10	事業会社はそれらの運用方法説明書に基づいてプログラム化されたメンテナンスを確実なものにしなければならない。	中	1時間	未実施を不履行と見なす。
SP11	事業会社はサービス基準、[スケジュール8]、条件B、メーカーのオリジナルおよび追加改正された仕様、保証、および一般規格についての要求事項を満たすために合意された計画時間でプログラム化されたメンテナンスを完了しなければならない。誤解を避けるために、この作業は第三者で資格のあるエンジニアによって行われなければならない保険の目的のための試験および検査を含むものとする。	中	4時間	未実施を不履行と見なす。
SP12	事業会社はサービスの開始に先立って提案を行い、トラストと協力して現場における機能エリア／ユニット毎のアクセス時間を毎年見直すものとする。	高	1日	毎年の契約期間の開始に先立ってトラストに対してアクセス時間を提案。

参照	パフォーマンス要因	未達成重要度	復旧許容時間	モニタリング手法
SP13	事業会社はスケジュール10で設定された通常の勤務時間以外は、トラストの代表者からの事前の書面による承諾なしに、エリア内のプログラム化されたメンテナンスは行ってはならない。部門やエリアが、トラストの代表と合意した施設内の機能エリア／ユニット毎のアクセス時間中にトラストによって使用される場合は、トラストは事業会社に対してトラストの運営に支障を与えるという理由で、不動産サービスを行わないように事業会社に通知することができる。事業会社はサービスを遂行する代替時間をトラストと合意するために連絡しなければならない。事業会社が合意した別の時にサービスを行う場合は、事業会社がサービス実施を順守したものと見なされる。	高	1時間	未実施を不履行と見なす。
	事後修理とメンテナンス			
	施設の全ての要素は、サービス基準、[スケジュール8]、条件B、メーカーのオリジナルおよび追加改正された仕様、保証、および一般規格についての要求事項を順守しなければならない。障害が施設内で発生した場合には、事業会社はその障害を付録Bに記載された"安全化時間"および"修復許容時間"内に安全にし、修復しなければならない。特定な状況下においては、臨時修繕を実施する必要があるかもしれない。それは、特殊な材料や特別な人が必要であるにもかかわらず、合理的に考えて、施設においてすぐに利用することが期待できない場合である。このような状況の場合、トラストは、特性および期間を合意して、事業会社が臨時修繕を行うことを認めることができる。臨時修繕の後に完全修復をするための時間と方法はトラストの代表者と合意する必要がある。			
SP14	緊急対応が必要な未達成事象は安全化許容時間内に安全な状態にする。	高（機能ユニットが影響を受けた場合）	30分	未実施を不履行と見なす。
SP15	緊急対応が必要な未達成事象は一般基準に準拠して修復許容時間内に修復する。	高（機能ユニットが影響を受けた場合）	n/a	未実施を不履行と見なす。
SP16	早急対応が必要な未達成事象は安全化許容時間内に安全な状態にする。	中（機能ユニットが影響を受けた場合）	30分	未実施を不履行と見なす。
SP17	早急対応が必要な未達成事象は一般基準に準拠して修復許容時間内に修復する。	中（機能ユニットが影響を受けた場合）	n/a	未実施を不履行と見なす。

参照	パフォーマンス要因	未達成重要度	復旧許容時間	モニタリング手法
SP18	日常対応レベルの未達成事象は安全化許容時間内に安全にする。	低（機能ユニットが影響を受けた場合）	1時間	未実施を不履行と見なす。
SP19	日常対応レベルの未達成事象は一般基準に準拠して修復許容時間内に修復する。	低（機能ユニットが影響を受けた場合）	n/a	未実施を不履行と見なす。
SP20	事後対応修理は運営作業に基づいた方法の説明書に基づいて事業会社が実施する。	中	1時間	未実施を不履行と見なす。
	法令に基づいたテスト			
SP21	事業会社は保険検査を含む計画的試験および検査から生じる修復を含めた全ての活動を行わなければならない。そのような仕事は、緊急対応または早急対応が必要であるものとみなされない限り、日常対応業務として扱われなければならない。	低（日常対応）中（早急対応）高（緊急対応）（機能ユニットが影響を受けた場合）	n/a	未実施を不履行と見なす。
SP22	事業会社は全ての新しいプラントや機器が製造業者の指示書に従って動作することを確実にしなければならない。これには合意された予定期間内に、メンテナンスマニュアルや装備図面を作成することを含めなければならない。	中	1日	未実施を不履行と見なす。
SP23	事業会社は、ポータブル電気機器を施設に持ち込む患者／訪問者は、その使用に先立ち事業会社に通知する必要があるという手順で運用すること。	高	1日	未実施を不履行と見なす。
SP24	事業会社は、PATテストおよび患者／訪問者のポータブル電気機器に関する追加サービス要求を1時間以内に完了させなければならない。	中	1時間	未実施を不履行と見なす。
	労働許可			
SP25	事業会社は、仕事がトラストの業務に支障を与える可能性がある場合は、トラストに対して許可証の申請をしなければならず、このような労働の許可については順守しなければならない。	高	1日	未実施を不履行と見なす。
	計画、設計、事業管理			
SP26	事業会社は、1カ月以内、または、トラストと合意した時間内に、付録A.5サービス基準に記載の範囲と標準に基づいた包括的な計画、設計、プロジェクト管理サービスをトラストに提供しなければならない。 誤解を避けるために、注意してもらいたい点は、このサービスの費用はスケジュール22の変更手順に従って取り扱われなければならないという点である。	中	1日	完成した結果を締め切り日までにトラストに提出。

参照	パフォーマンス要因	未達成重要度	復旧許容時間	モニタリング手法
	小作業			
SP27	事業会社はトラストに対してアドバイスした時間の範囲内で、かつ、一般的な基準に準拠して、小作業の追加サービス要求を完了しなければならない。 誤解を避けるために、注意してもらいたい点は、このサービスの費用はスケジュール22の変更手順に従って取り扱われなければならないという点である。	中	4時間	未実施を不履行と見なす。
	消防安全システムと手続き			
SP28	事業会社はNHSの消防規則と一般規格に定められた時間内に、または、そこに記載されていない場合は、合理的な時間内に、本契約に定めた事業会社の義務と責任の遂行に関連した全ての緊急手順と緊急時対応計画に同意することに協力しなければならない。 誤解を避けるために、施設における消防安全システムのいかなる部分であっても意図した通りに機能しない場合に対しての緊急計画が準備され導入され続けるため、事業会社が唯一の義務を有するものとする。	高	1日	完成した結果を締め切り日までにトラストに提出。
SP29	事業会社は消防署と連携して、または現場に関連した一般規格で要求されているように、消防訓練の導入および手続きを確立しなければならない。事業会社が指名した消防官は、トラストが指名した消防官と、火災が発生した場合における施設からの避難手順に関して連絡をとらなければならない。	中	1日	火災訓練の手続きの準備が整っていること。
SP30	事業会社は、消防署およびトラストが指名した消防官、またはその他の権限を与えられた者の指示に基づいて合意されたプログラムと要件に従って確実に消防訓練を行わなければならない。	中	1日	火災訓練が合意通りに実施されたこと。
SP31	事業会社は全ての事業会社のスタッフおよびサービス・プロバイダのスタッフに対して定期的にHTM05-03に準拠した消防安全の講義を受けさせなければならない。トラストへ講習をする予定の日付を通知すること。	低	1週間	火災安全講習がトラストと合意したスケジュールで実施されたこと。
SP32	事業会社は現場に関する次の情報を提供するために、トラストと合意した様式、品質や規格で年次報告書を提供しなければならない。	中	1週間	完成した結果を締め切り日までにトラストに提出。

参照	パフォーマンス要因	未達成重要度	復旧許容時間	モニタリング手法
	a) 設備にはNHSの消防規則と安全に関する一般基準の最低限の要件に準拠している防火区画の設計、避難経路の提供および消防機器やシステム提供の確認。ただし必ずしも、これらに限定するものではない			
	b) 事業会社に責任がある手続きの確認、NHSの消防規則と安全に関する一般基準の最低限の要件に準拠しており、トラストと合意した消防安全指針に関連した緊急時の手続きおよび緊急時対応計画を含めるものとする			
	c) 防火認定の現状			
	d) 事業会社がその適切な技能と注意を払った上で、トラストがNHSの消防規則および防火に関する一般基準に準拠していない方法で活動していると考える全ての状況			
	e) 年度の火災証明書を署名するためにトラストが必要なデータ			
	資産および不動産マネジメント			
SP33	事業会社は、トラストまたは、委任された第三者に対して、要求から5日以内に、不動産の記録についての正しい情報が入手できるようにしなければならない。 この情報には以下を含まなければならないが、以下に限定されるものではない。 a) 設備の物理的特性は以下を含むが、これに限定されるものではない 　i) 施設の説明と住所 　ii) 全てのエリアと建物のボリュームデータ 　iii) 条件調査 　iv) 全ての場所の計画、境界および現場に関連するタイトル 　v) トラストの要素やシステムに関連した構造的、機械的および電気的要素またはシステムのための最新のCAD/ハードコピー図面。提供される全てのシステムがトラストと事業会社の情報アクセスと互換性があることを確認すること b) 事業会社は、施設または現場に対する法的または衡平法上の利益または権利、さらに、かかる権利または利益に関連する全ての元の文書を安全に保管・保持しなければならない	高	1日	完成した結果を締め切り日までにトラストに提出。

参照	パフォーマンス要因	未達成重要度	復旧許容時間	モニタリング手法
	c) 事業会社がライセンスを取得する責任がある特定のライセンス要件。トラストに責任がある場合には、事業会社はトラストによって提供された記録を維持する義務のみを負うものとする d) テストの証明書と適切な書類と記録（特に、安全性や法的順守のいずれかの側面に関連するもの）は正確に、適切に更新されるものとし、トラストまたはその他の関連当事者による検査のために利用できるように維持されなければならない			
SP34	事業会社はトラストが発行したものを含んだ、全ての危険性の注意と安全標識の記録を、それらが適正に配置され表示されるように導入される手続きを含めて保持し、かつ、完全に実用的なものにしなければならない。	高	4時間	未実施を不履行と見なす。
SP35	事業会社は、あらゆる機器やプラントの故障についてのNHSとMHRAに対する通知手順が順守されていることを確認しなければならない。	高	1日	未実施を不履行と見なす。
SP36	事業会社が機器を維持するために必要とされる範囲において、要求された配布手順に従って、NHSとMHRAの要求する機器の評価記録に関しての供給、管理および配布をしなければならない。	低	1日	未実施を不履行と見なす。
	情報の提供			
SP37	事業会社は全ての人、企業、政府機関またはその他のトラストが不動産サービスの遂行に関連した情報を提示する義務があるものから合理的に要求された全ての情報を準備し供給しなければならない。このような要求は、合意された形式でトラストと別途合意されない限りにおいては、5営業日以内に回答しなければならない。 誤解を避けるために、ERIC（不動産情報調査）や地区鑑定などのような、関連したNHSエステートリターンを含めなければならない。第三者に直接応答する場合には、トラストはそのコピーを受領しなければならない。	中	1日	完成した結果を締め切り日までにトラストに提出。
SP38	事業会社はトラストの方針またはトラストとの合意に基づいて、全ての苦情を記録し、苦情へ対応しなければならない。	中	1日	未実施を不履行と見なす。
SP39	事業会社はトラストが指名したスタッフに対して、事業会社によって電子的に所有されている不動産のデータをアクセスできるようにしなければならない。	低	4時間	未実施を不履行と見なす。

参照	パフォーマンス要因	未達成重要度	復旧許容時間	モニタリング手法
SP40	事業会社はトラストによって決定されたアプローチに従って家賃および/または価格レビューを監視し、そのレビューに対応しなければならない。このように合意した対応は、5日以内に発行されなければならない。	中	1日	完成した結果を締め切り日までにトラストに提出。
	一般要求			
SP41	事業会社は時計の時刻が正確に設定されていることを確実なものとしなければならない。	低	1日	未実施を不履行と見なす。
SP42	事業会社は、サービスの開始に先立ち、そして開始後は各年次レビューの後に[年2回]外部ガラスの清掃および専門のアクセス機器が必要とされる内側の窓ガラスの清掃のプログラムをトラストに提出しなければならない。	中	1週間	締め切り日までにプログラムを提出すること。
SP43	事業会社はガラスの表面を清掃する場合、視覚的にきれいであり、血液や生体物質、ほこり、汚れ、瓦礫、粘着テープのあとが付着しておらず、こぼれたものが見えたりしてはならず、外観は均一な輝きを持っていなければならない。	中	1日	未実施を不履行と見なす。
SP44	事業会社は通知から48時間以内に、建物のあらゆる部分の落書きを除去しなければならない。	中	1日	未実施を不履行と見なす。
SP45	事業会社は全ての合理的な追加サービス要求を1時間以内に完了していることを確実にしなければならない。その内容は以下を含むが、以下に限定されるものではない。 • 利用者がコントロールできない温度設定を所定の温度範囲に調整すること • 表示や展示のための一時的な電源を提供すること	低	1時間	未実施を不履行と見なす。

7. 除外項目

7.1 誤解を避けるために記載するが、次の項目は不動産サービスの一部ではない。

t）外部委託サービスの提供に試用される収益機器のメンテナンスサービス。これは、関連する特定のサービス仕様内に含まれると見なされる。

u）医療機器のメンテナンス。これは、医療機器のメンテナンス仕様と［スケジュール13］に含まれる。

v）外部エリアのメンテナンス。これは、グラウンドのメンテナンス仕様内で指定される。

w）ITハードウェアのメンテナンス。これは、トラストが保持する。

x）トラストはその他必要な除外を記述する。

8. 継続改善指標

以下のパフォーマンスの幅は、トラストによって設定されるものである。

KPI 番号	継続改善指標	パフォーマンスの幅		
		緑	黄色	赤
01	対応メンテナンス／修理の呼び出しの緊急呼出回数	＜（　）回	（　）〜（　）回	（　）回＜
02	対応メンテナンス／修理のための早急呼出回数	＜（　）回	（　）〜（　）回	（　）回＜
03	計画外の臨床エリアのダウンタイムの総時間	＜（　）時間	（　）〜（　）時間	（　）時間＜
04	計画外の非臨床エリアのダウンタイムの総時間	＜（　）時間	（　）〜（　）時間	（　）時間＜
05	計画外のコミュニケーションスペースのダウンタイムの総時間	＜（　）時間	（　）〜（　）時間	（　）時間＜

添付資料A　サービス標準

A.1　建物

要　素	水　準
建物の外部構造 以下を含む： • 外壁 • 屋根、煙突、樋および雨水システム • ガラス • 非常階段 • 歩道、安全柵 • バルコニー • 軒 • 窓のクリーニングクレードル • 軒下 • レンダリング • 照明の導線	• 建物構造、仕上げ、家具、機器もしくはサービスシステム部品の全てが機能し、利用可能であり、（計画書8で特定した建設関連項目／施設の現状を維持すること等の）パフォーマンス要求を満たしていること • 安全で防水機能が適切に働いていること • 湿気の浸透や、剥離が起きていないこと • クラッディング（被覆加工）、コーピング（笠石）、パラペット（欄干）が構造的に堅牢で安全であること • 害虫や有害な小動物が潜伏可能なエリアがないこと • 煙突／煙道が構造的に安定し、安全であり、煙道が詰まったり、煤がたまりすぎたりしていないこと • 瓦礫が放置されたり、コケが生えたりしていないこと
建物の内部の構造 以下を含む： • 地下建造物 • 上部建造物 • 内壁 • 仕切り • 天井	• 建物構造、仕上げ、家具、機器もしくはサービスシステム部品の全てが機能し、利用可能であり、建設関連事項として示されたパフォーマンス要求を満たしていること • 構造壁へのひび割れやゆがみがないこと • 湿気の浸透が無く、害虫がいないこと • 過度のダメージが無く、その場所に適した外見を保っていること • CIBSEガイドラインに設定された要求を満たしていること • アスベストが密封されていない状態で放置されていないこと
備品および建具： • 扉（外部、内部、防火） • 窓および天井窓 • ハッチ • 換気口 • 金物 • 棚 • カップボード • 手すり • ラック • 掲示板 • 鏡 • 側板 • 磁気ドアホールダー	• 意図した通り、安全に、軋んだ音が無く、ヒンジ、ラック、留め金やハンドルにシミが付いていないこと、動かなくなっていないこと、こすれたり、引っかかったりしていないこと • 意図した通りに機能しており、表面上の小さな傷や、摩擦や損傷をのぞいて問題が無いこと • 蛍光版、表示板、通知、警告などが、適度を越えて傷が付いておらず、読める状態で、適切に光っていること • 腐食していないこと

要　素	水　準
床および床材	・床が仕様書に基づいて完全に覆われていること ・床材が床にぴったりと固定されており、安全衛生上の問題を引き起こさない状態になっていること ・床もしくは床材に、切断、引っかき傷、ヒビまたは、その他の損傷が無く、見苦しさや、安全衛生上の問題を引き起こしていないこと ・床材・表面が適度な均一性を保っており、（最初から存在していた表面下のものを除く）滑車の付いたベッドトローリー、車いす、その他の車輪の付いた車両の移動に支障が無いこと ・適切な排水施設が必要な場所に設けられていること ・害虫や有害な小動物がいないこと
化粧仕上げ ・塗装仕上げ、壁の布張りもしくは特殊仕上げ、天井、木工、金属細工、パイプワーク、その他の見える部分の仕上げ ・芸術作品 ・彫刻	・化粧仕上げがその仕様書に基づいて完成していること ・表面上のわずかな引っかき傷や過度の摩擦や損傷がないこと ・業界の善良な慣行に基づいて維持管理された建物とは不揃いなひびや、表面の劣化が無いこと

A.2　エネルギー／ユーティリティー／インフラサービス

要　素	水　準
エネルギー／ユーティリティー／インフラサービス 　a）衛生排水システム 　b）給水システム 　c）燃料貯蔵プラント 　d）送電システム 　e）ガス配管システム	・サービスには漏れがあってはならない ・サービスは維持管理され、計画書8に準拠した能力を発揮しなければならない

A.3　専門業者によるサービス

要　素	水　準
専門業者によるサービス （添付資料Cに規定）	・全ての専門サービスは、計画書8に準拠し、過度の騒音や振動がない状態で、正しい温度、品質、規格および流量で、意図された通りに機能しなければならない ・全ての配管や継手は、意図された固定するポイントに確実に固定されなければならない。パイプガスおよび／または液体および／または固体の漏れがあってはならない ・全ての配管と継手は、そのサービスが特定できるようにラベル付けされること

A.4　機械&電気システム

添付資料Dに規定

要素	水準
緊急電源供給	• 予備電源は、いつでも使用できる状態で、安全で、定期的にテストされていること • 非常照明ユニットは、BS5299に準拠しており、埃がついておらず、いつでも使用可能で、十分に充電されていること • 蓄電池と蓄電池室は、十分に換気され、酸の漏れがないこと、蓄電池は液が満たされて十分に充電されていること • 静止型インバーターは、標準に機能しており、定格容量負荷での運転中に過熱していないこと
MV（低圧）配電システム 配電システムや保護装置、開閉器、配電盤、ヒューズ、MCB、ACB、LCB、RCDの露出配電ケーブルなど	• 定格であることが明確に表示されていること • ヒューズあるいはサーキットブレーカーが適切に作動していること • 接点や接続部分に汚れがなくねじがしっかりととまっていること • 通常の運転における負荷で過熱しないこと • アクセス権のあるものだけがアクセスできること • 必要な場所に運転記録機器が設置されていること • ケーブル接続ボックスが内容物漏れの影響を受けないこと • 必要な場所にマーカーや警告表示があること
HV（高圧）配電システム、開閉装置、保護装置、絶縁体、配電盤、OCB、ACB、ELCB	• 定格であることが明確に表示されていること • ヒューズあるいはサーキットブレーカーが適切に作動していること • 接点や接続部分に汚れがなくねじがしっかりととまっていること • 通常の運転における負荷で過熱しないこと • アクセス権のあるものだけがアクセスできること • 必要な場所に運転記録機器が設置されていること • トランスフォーマーがオイル漏れの影響を受けないこと • 保護コーティングに傷が付いていないこと • 加熱しすぎの表示が出ないこと • オイルの電気強度が十分であること • ケーブル接続ボックスが内容物漏れの影響を受けないこと • 必要な場所にマーカーや警告表示があること
温水・冷水システム	• 建築上の要求として定義された温度と流量で給水が行われており、騒音や振動などがない状態であること • タップ、バルブ、その他の関連した機器や機材が意図した通りに機能していること • 配管、接続器具が、所定の取り付け箇所にしっかりと固定されていること • 配管、タップ、バルブや、その他の機器から水が滴ったり、漏れたりしていないこと

要　素	水　準
暖房・空調・換気システム 以下を含む： ・ボイラー、温水器、熱交換器、ヒューム・カップボード ・加湿器 ・暖房器 ・ダクト ・ミキシングボックスとダンパー ・クーラー ・インレット／アウトレットグリル ・冷却プラント ・冷却塔 ・その他のローカル換気システム	・全ての換気システムは意図した通りに機能しており、過度の騒音や振動がないこと ・給排気容量および換気容量が、建設上の要求された条件を達成するに必要なレベルに達していること ・ダクトワーク、フィッティングワークおよび配管は所定の取付場所にしっかりと固定されていること ・換気システム（もしくは、その他の暖房・冷房の媒体）からの水や空気の漏れがないこと ・アクセス権のあるものだけがアクセスできること ・腐食、浸食および有機物の繁殖が無いこと ・全ての配管と継手は、そのサービスが特定できるようにラベル付けされること
電力やその他のケーブルシステム ・IT ・照明 ・コミュニケーション ・安全 ・警報システム	・全ての電気関連設備は、BS7671あるいは同等の規定に従うこと ・適切な耐候性を有すること ・騒音や振動が無く意図した通りの機能を発揮していること ・配線、フィッティング、接続器機、制御装置、安全装置は、所定の取付場所にしっかりと固定され、適切に収納保護され、表示されていること ・照明のコンダクターは、BS6651規定あるいは同等の規定に従って施工され絶縁されていること ・MICCケーブルの保護コーティングに傷が付いていないこと ・照明の照度は設計照度レベルにあること
公衆衛生およびその他の排水システム（全ての衛生機器および関連フィッティングを含む）	・騒音や振動が無く意図した通りの機能を発揮していること ・安全で心地よい環境を提供していること ・全ての配管とフィッティングは、所定の取付場所にしっかりと固定されていること ・排水漏れ、汚水漏れ、雨水漏れが無いこと
防火機器	・消火器およびその他の防火機器がBS5306のPart3の実施基準もしくは同等のものに基づいて維持管理されること ・所定の取付場所にしっかり固定されていること ・製造業者の推奨範囲内で運営しているか ・消火栓、スプリンクラー、ホースは、正しい水圧で、許容内であること ・配管の、腐食、漏れ、滴りなどが無いこと ・適切なタイプと数量が設置され、近くに邪魔になるものが置かれていないこと

要　素	水　準
エレベーター	• 騒音や振動が無く意図した通りの機能を発揮していること • コントロールパネルと電話が全て機能していること • (30)分以上エレベーターの中に閉じ込められる人が出てはならないこと

A.5　設計、計画およびプロジェクトマネジメント

要　素	水　準
計画・ブリーフィング・設計	• 医療ケアやサポートサービスの要求に対する機能的な要素や空間利用を最大化し、優れたデザイン理論と実施を活用した「計画、ブリーフィングおよび設計サービスの全体」を提供すること • 将来の事業およびスキーム構築のために、概要、データシート、レイアウト計画、図面、スケジュール、コスト情報等を策定すること • あらゆるプロジェクトの、計画、ブリーフィング、設計、入札フェーズを通して、あらゆる工程で発注者の要求を十分に考慮して発注者との連携を行うこと • データシートの情報は解決方法や要素を含むプロジェクトを完了するためにスキームの一部として直接調達され、あるいは発注者の他のエリアから移転される全ての要求事項を表すものとすること • 入力された図面には発注者のレイアウトや運営上の要求を確実に反映し、必要に応じて維持、更新されるように、全ての施設を利用可能なスペースの中に収容すること
入札と請負	• 事業会社は、入札、事業会社発注手続き、契約管理、運営、試運転、研修の手続きを行わなければならないこと。そして、計画と業務の実現化に向けての直接支援を行うこと • あらゆるプロジェクトの、計画、ブリーフィング、設計、入札フェーズを通して、あらゆる工程で発注者の要求を十分に考慮して発注者との連携を行うこと
プロジェクトマネジメント	• プロジェクトがスケジュール通りに、予算内で、満足のいく品質標準で完成することを確実するためにプロジェクトマネジメント技術を適切に用いること • プロジェクトマネージャーを任命し、発注者内部で実施される全てのスキームとプロジェクトの事業管理要素を提供すること
フィナンシャルマネジメント	• PTEのプラスマイナス10%の予算コスト • 入札価格のプラスマイナス3%のPTE • 承認された数値内での最初の計画コスト

要　　素	水　　準
試運転と訓練	• 建築規制および、計画許可について全ての承認を得ると同時に、監督官庁との必要な相談を行い、彼らの勧告をプロジェクトの概要に組み込むこと • 新規業務は定められた設計や品質要求に合致していること

添付資料B　初期対応と修復許容時間

表Ⅲ　初期対応要求

対応カテゴリー	安全化時間	修復許容時間
緊急対応	30分	4時間以内
早急対応	30分	8時間以内
日常対応	1時間	48時間以内

注意：サービス初期対応時間と修復許容時間は並行し測定すること。

添付資料C　スペシャリストサービス（発注者が記入）

F.1　以下はスペシャリストサービスと分類されると考えられる。

a）圧搾空気管システム

b）医療ガス配管

c）コンプレッサーとバキュームシステム

d）麻酔ガス清掃システム

e）滅菌器機と中央浄化設備

f）手術室と清潔な環境換気

g）無停電電源装置（UPSシステム）

h）ハイドロセラピープールおよび出産プールを含むプール類

i）ナースコール、心臓病患者や緊急アラームシステムと設備

j）患者用ベッド（スペシャリスト・ベッドを含む。例：クリニトロン）

k）患者用ワゴン

l）車いす

m）病理ガスシステムと設備

n）患者および専門医の持ち上げ装置

o）専門医用冷蔵庫および冷凍機

p）オートマチック消火設備

q）ビルディングマネージメントシステム　（V 3にて追加）

r）熱と電源の複合システム（V 3にて追加）

s）水処理プラント（二酸化塩素、銅／銀イオン化）（V 3にて追加）

添付資料D　機械と電気サービス（発注者が記入）

D.1　以下は機械・電気サービスに分類される。

a)　屋外照明機器

b)　屋内電気と照明機器

c)　非常照明システム

d)　ベッドサイドの通話ユニットを含む通話システム

e)　データケーブリング

f)　警備および監視機器とシステム（V3にて監視機器が追加）

g)　火災報知システム

h)　固定および持ち運び式電気器具

i)　エレベーター（患者持ち上げリフト設備を除く）

j)　特定空間暖房システム

k)　冷房システム（チルドビームを含む）

l)　空調システム

m)　換気除湿と空気システム

n)　固定および持ち運び式消火システム

o)　主管配電システム

p)　非常発電プラントと機器

q)　冷却プラントと冷却水槽および配水システム

r)　熱源システムと分配システム

s)　暖房プラント、蒸気と温水分配システム

t)　内部貯水槽と送水システム

u)　中央エア・ハンドリング・プラント

v)　冷水貯蔵庫および送水システム

w)　非常用中央蓄電システム

x)　冷凍機器

y)　水処理システム

z)　添付資料Cに記載された自動消防システムを除いた固定および持ち運び式救急箱および消防システム

aa）メカニックおよび手動のヒーティングおよび換気システム

bb）スペシャリスト気象コントロールシステム（エアコン）

cc）道路および警備の照明システム

このリストは完全ではないので、事業会社は全ての要求を確認しなくてはならない。

添付資料E　順守する必要のある関係法令等

a) トラストの方針と手続き書類（例:防火、機器、大規模事故、安全衛生、事故および事象報告を含む）

b) 書類としての消防規則一式

c) 保険省（Department of Health）の方針とベストプラクティスガイダンス資料

　　（ア）不動産規則

　　（イ）符号

　　（ウ）全ての医療関連建物に関する覚え書きおよび技術メモランダム

d) 業務上の安全衛生管理規則1992

e) 電気工事規則1989

f) 電気供給規則1989

g) 仕事場における安全衛生福利厚生規則1992

h) 汚染管理規則（代表的なものとして）

　　（ア）汚染管理（下水への放出）規則1979

　　（イ）汚染管理（油の保管）規則2001

　　（ウ）汚染管理（放射線廃棄物）規則1976

i) ガスの安全（設置と利用）規則1994

j) 手動操作によるオペレーション規則1992

k) ガス燃焼設置1994

l) 密閉スペース規則1997

m) 業務上の個人保護機器規則1992

n) 安全衛生執行ブックレットHS（G）54　1988

o) 業務上の機器の提供と利用の規則1992

p) 健康上の危険薬物管理規則1994

q) 業務上の騒音規則1989

r) 防火規則秩序　2006

s) 火災予防措置（仕事場）（改訂）規則　1999

t) 圧力系システム安全規則2000

u）怪我、病気、危険事象の報告規則 1995

v）安全、衛生および福利厚生に関する全ての関連性のある法の制定、規則、労働ルール

項目C：特定サービス仕様書　–　ヘルプデスクサービス

1.　構成

- 概要
- 用語の定義
- 主要目的
- サービス範囲
- 特定要求項目
- 除外項目
- 継続改善指標
- 添付資料

2.　概要

2.1　事業会社は以下のサービスを含むヘルプデスクサービスを提供しなければならない。

　　（a）事業会社によって提供される全てのサービスに関わる要求／問い合わせの受け付けと対応

　　（b）ヘルプデスクユーザーへの全てのリクエストに関しての進捗状況の報告

　　（c）トラストによって提供される次のサービスに関しての要求についての手続き

2.2　ヘルプデスクサービスは、1日24時間、365日提供されなければならない。

3.　用語の定義

3.1　"特定サービス仕様書"と言及している部分はヘルプデスクのサービス仕様書（添付書類を含む）を示す。

3.2　"一般サービス仕様書"で規定された定義は、このサービス仕様書においても同様に利用される。

3.3　この特定サービス仕様書における次の「言葉」は次の意味を示す。

　　ヘルプデスクサービス：本サービス仕様書で説明するサービス

　ヘルプデスクユーザー：患者（親戚および介護者）、職員、施設への訪
　問者

4. 主要目的

4.1　事業会社は、一般サービス仕様書に記載された目的に加えて、以下に記
　　載する主要な目的を満たさなければならない。

　　（a）トラストのスムーズな運営を支援する包括的なヘルプデスクサービス
　　　　を提供すること。ヘルプデスクサービスは、既存の発注者の方針と
　　　　完全に統合され、全ての施設管理のためのコミュニケーションハブと
　　　　して機能しなければならない。

　　（b）効率的で、柔軟性があり、効果的に変動する要求に対応すること。

　　（c）全てのヘルプデスクユーザーに対して高いレベルの顧客ケアを提供
　　　　すること。

　　（d）発注者の便益を最大化できるように資源を組織化すること。

　　（e）緊急対応コーディネートを堪能に、かつ、プロフェッショナルとして行
　　　　うこと。

5. サービス範囲

5.1　事業会社は、ヘルプデスクサービスを提供することに関連した一般サー
　　ビス仕様書に定められた全ての要求項目に従わなければならない。

5.2　一般サービス仕様書に定められた関連項目以外に、事業会社はこの特
　　定サービス仕様書に従わなければならない。

5.3　ヘルプデスクサービスは次の項目について、発注者と事業会社およびそ
　　の他のサービス提供者間の毎日の通知による連絡を通して成り立たせな
　　ければならない。

　　（a）全ての問い合わせおよび本サービスに関連した追加リクエストについ
　　　　ての報告

　　（b）サービスに関連した主要顧客からの過失および苦情に関する通知

　　（c）本サービスまたは、他のサービス提供者のサービスの提供および
　　　　サービス範囲の臨時変更に関する要求

（d）警報機および警備システムのモニタリング

（e）緊急時における通報

（f）本合意に基づいたトラストおよびその他のサービス提供者からの指示や通知の発行

（g）ヘルプデスクサービスの運営に関連した情報の要求

（h）ヘルプデスクに対して通知された未達成事項に関する進捗状況の更新

5.4 事業会社は、適切な有人での受け付け、記録、返答の仕組みを構築し、作業の進捗にかかる全てのヘルプデスクユーザーとの口頭、電話、手紙、ファクシミリ、電子メールやその他の通信手段によるコミュニケーションおよび連絡をしなければならない。

5.5 ヘルプデスクサービスは、2次的な特定サービス要員による対応を調整する業務として認識することも可能である。しかしながら、いかなる場合においても、ヘルプデスクが、トラストに対する単一窓口であり、管理もしくはその応答のコーディネーションについての全責任を持たなければならない。

6. 特定要求

参照	パフォーマンス要因	未達成重要度	復旧許容時間	モニタリング手法
	設置と設定			
SP01	事業会社は合意されたヘルプデスクサービス利用に関する明確な利用方法を、合意された書式で、少なくともヘルプデスクサービス開始の30日以上前までに確実に提示しなければならない（ヘルプデスクサービスは試運転段階にも利用できなければならない）。	高	1時間	この要求はサービスの開始時に確認されなければならない。未実施を未達成と見なす。
SP02	事業会社は、ヘルプデスクサービスの運営手続きが正しく利用者に対して提供されることを確実なものにしなければならない。そして、全ての改訂項目は適用される30日以上前に発注者に提示しなければならない。	中	1週間	6カ月毎の運営手続きの見直し。未実施を未達成と見なす。

参照	パフォーマンス要因	未達成重要度	復旧許容時間	モニタリング手法
SP03	事業会社は、ヘルプデスクサービスの利用説明書として交付されているものについての利用訓練を、発注者によって規定されたヘルプデスクユーザーに対して実施することを確実なものにしなければならない。利用説明書は、特定されたヘルプデスク利用者が入手できなければならない。	中	1日	記録の毎月の確認。未実施を未達成と見なす。
SP04	事業会社は発注者が通知した新しいスタッフの全てがヘルプデスクサービスの利用について就業プログラムの一つとして理解させることを確実なものにしなければならない。	中	1日	記録の毎月の確認。
SP05	事業会社はトラストと合意したコール分類プロトコルを活用して、ヘルプデスクオペレーターに、それぞれの債務不履行（利用不能イベントを含む）や追加リクエストが特定サービス仕様書と支払メカニズムに則って自動的に運営できるようにしなければならない。	中	1日	プロトコルの毎月の見直し。未実施を未達成と見なす。
SP06	事業会社は、ヘルプデスクのスタッフが、合意されたサービス低下カテゴリに従って、作成された追加サービス要求または未達成報告（利用不可イベントを含む）に起因する可能性のあるサービス要件の分類を評価し、それに応じて確実に対応できるようにトレーニングすること。	中	1週間	訓練記録の四半期毎の確認。未実施を未達成と見なす。
SP07	事業会社はヘルプデスクのスタッフが訓練を受け、問い合わせに対して伝えられた方法に基づいて、トラストの方針に則り、適切な行動規範に従って対応することを確実なものとしなければならない。	中	1週間	訓練記録の四半期毎の確認。未実施を未達成と見なす。
SP08	事業会社は全てのリクエストされたサービス要求や、報告された事象を記録しなければならない。事業会社は次の情報に限るものではないが、最低でも次の情報については関連詳細を全て記録しなければならない。 a) 要求者、もしくは、報告者の名前 b) 日付と時間 c) 場所（機能的エリアまたはユニット） d) サービス要求もしくは事象の種類 e) 要求されたサービス f) 分類（優先順位） g) サービス修復許容時間 h) 要求参照番号（連番が望ましい）	高	1日	ヘルプデスクの記録の月次監査。

参照	パフォーマンス要因	未達成重要度	復旧許容時間	モニタリング手法
	i) サービス提供者と要求を伝えた相手の名前			
	j) 要求が関連サービス提供者に渡された日付と時間			
	k) 取られた行動			
	l) 実際に修復が終わった時間			
SP09	事業会社はそれぞれの追加サービス要求または未達成事象に対して活動要求報告書を作成しなければならない。活動要求報告書は関連するサービス提供者に対して実証できるように連絡されなければならない。	低	1日	ヘルプデスクの記録の月次監査。
SP10	事業会社はヘルプデスクユーザーに提案した一連の行動と割り当てられた修復時間を通知しなければならない。	低	24時間（修繕がスタートしてない限り)	毎月の監査。未実施を不履行と見なす。
SP11	事業会社は月次モニタリング報告を完成させるために要求された全ての情報やデータを提供しなければならない。これには、以下のものを含まなければならないが、これらに限定されるものではない。 a) 契約期間内の全ての追加サービス要求とヘルプデスクに報告された未達成項目のまとめ、それぞれに割り当てられた完了および対応時間と修復時間（該当する場合）および、それらが達成できなかった場合には、実際にかかった時間が記載されていること b) 全てのパフォーマンスの障害と使用不能事象のまとめ c) 影響を受けた機能部分 d) 追加サービス要求の期間／時間内に修復できなかった障害についての機能部分の詳細、始まった時間と日付および終了した時間と日付 e) トラストが認定した懸念する、または利害のある特定のエリア f) パフォーマンス／活動の傾向の識別 g) [パフォーマンス障害と使用不能事象に関するサービス支払いからの減額] h) [サービス支払いで調整された従量に関する調整]	高	1時間	完成した月次報告書を締め切りまでに提出する。

参照	パフォーマンス要因	未達成重要度	復旧許容時間	モニタリング手法
	i) 日々のパフォーマンスの障害と使用不能事象に関して授与されるべきサービス障害ポイント（SFPの点数）。報告書のこの部分は、過去の[6]カ月間の積み重ねの合計を表示し、SFPが敷居値を違反した部分が分かるように表示する必要がある。誤解を避けるために、全ての報告は明確にそれぞれの障害発生や、追加サービス要求がなされた機能部分またはサービスを識別しなければならない			
SP12	事業会社は以下の項目を記録するためのシステムが整っていない限り、ヘルプデスクで記録された情報を修正してはならないことを確実にしなければならない。 a) 修正の正確な性質と影響 b) 修正しなければならない理由 c) 誰によって改正が承認されたのか	高	1時間	未実施を不履行と見なす。
SP13	事業会社は、トラストの代表者にいつでもヘルプデスクシステムへの完全な電子アクセス権が与えられていることを確認しなければならない。	中	1時間	未実施を不履行と見なす。
SP14	事業会社は、要求されてから24時間以内に全てのヘルプデスクの記録についてトラストに完全なアクセス権を与えるものとする。	高	1時間	時間内に記録を提供する。
SP15	事業会社は、緊急事態が発生した場合には、どのような時であっても、トラストと合意した手順に従って対応しなければならない。具体例としては、警報音量を上げるための支援、内部または外部の当局に事件を報告し、対応や詳細の記録についての調整が挙げられる。	高	5分間	未実施を不履行と見なす。
SP16	事業会社はヘルプデスクサービスへの電話呼び出しが[人による応答か機械による応答か][15]秒以内であることを確認しなければならない。	低	修復要素なし	呼出のログの記録を毎日チェックする。未実施を不履行と見なす。
SP17	事業会社は、ヘルプデスクへの最初の通知から24時間以内にヘルプデスク・ユーザー（訪問者を除く）に対して、取られた行動とかかった時間を通知しなければならない。実際の時間が修復時間を超えた場合には、ヘルプデスクユーザーに対し直ちに遅延を通知すること。ただし、このような連絡行為によって、サービス提供者がパフォーマンス低下に適用される罰則から軽減されるものではない。	中	修復要素なし	ヘルプデスクの記録を毎月チェックする。未実施を不履行と見なす。

参照	パフォーマンス要因	未達成重要度	復旧許容時間	モニタリング手法
SP18	事業会社はトラストの方針に沿って守秘義務が維持されていることを確認しなければならない。是正期間は是正不能な違反自体を認識するものであることに留意すること。	高	1日	守秘義務方針をトラストと合意すること。未実施を未順守と見なす。

7. 除外項目

7.1 誤解を避けるために記載すると、以下のサービスはヘルプデスクサービスに含まれていない。

(a) トラスト（発注者）によって提供されるサービスに対するヘルプデスクサービスの提供

(b) トラストのITシステムのためのヘルプデスクサービスの提供

8. 継続改善指標

以下のパフォーマンスの幅は、トラストによって設定されるものである。

KPI番号	継続改善指標	パフォーマンスの幅		
		緑	黄色	赤
01	該当する修復時間をヘルプデスク利用者に通知するためにかかる時間の平均	＜（　）分	（　）〜（　）分	（　）分＜

項目C：特定サービス仕様書 － 清掃サービス

1. 構成

- 概要
- 用語の定義
- 主要目的
- サービス範囲
- 特定要求項目
- 除外項目
- 継続改善指標
- 添付資料

2. 概要

2.1 事業会社は次のクリーニングサービスを提供しなければならない。

a) 現場の建物に対するあらゆる清掃サービス

b) 現場の外構エリアにおける体液について

c) サービス範囲に含まれるその他の特定義務

2.2 クリーニングサービスは、1日24時間、365（6）日提供されなければならない。

2.3 クリーニングサービスは、現場のあらゆるエリアに適用される。

3. 用語の定義（省略）

4. 主要目的

4.1 一般的サービス仕様書で述べた主要な目標に加えて事業会社は以下を実施しなければならない。

a) 現場内の施設全体で高レベルの環境清浄度を達成すること。

b) 品質主導の清掃サービスを提供し、その利用において最適であり、現場の全ての建物およびエリアにとって最適な清掃水準を達成することによって全ての利用者から高く評価されること。

c) サービスの標準を提供し、患者、訪問者やスタッフのための臨床上および社会的に受け入れられる環境を提供することによってトラストのポジティブなイメージを生み出すこと。

d) 清掃スタッフが品質の高い日々の繰り返し業務を開発し、サービス提供を改善する機会を見つけられるように支援すること。クリーニングスタッフの全てのメンバーは共通した目的をシェアし、変更と品質向上のプロセスに合意しなければならない。事業会社はスタッフ個人とトラストのお互いの便益のために、そしてクリーニングプロセスの中に組み込まれている異なった部門間のスタッフの関係を改善するために研修を通してスタッフの開発支援を行わなければならない。

e) 認識済みのリスクの評価および管理システムの利用を含めて、安全な環境と安全な労働慣行を維持すること。

f) 快適さと清潔さの基準が高い水準であることを確実なものとし、サービス品質の低下を認識し、修正すること。

5. サービス範囲

5.1 事業会社は、一般サービス仕様書に記載された目的に加えて、以下に記載する主要な目的を満たさなければならない。

5.2 一般サービス仕様書に定められた関連項目以外に、事業会社はこの特定サービス仕様書に従わなければならない。

5.3 事業会社は、スケジュールされ、計画され、サービス水準を満たすために要求される対応基準に基づいて、清掃サービスを提供しなければならない。

5.4 清掃サービスは次の業務内容によって構成される。

    a) 以下を含む清掃サービス

        i) 日常清掃および（要求に対応する）対応清掃

        ii) 定期的な計画に基づいた計画清掃

        iii) バリア清掃

    b) 家事サービス

5.5 事業会社は全ての機能しているエリアの清掃に関する、水準とモニタリ

ングの頻度（全ては、NHSエステートが発行する清掃のための契約ガイドライン改訂版に規定されている）に対して責任を持たなければならない。なお、見直しガイドラインにそれがどのようなものであるのかが記載されている。

a) 超高リスクエリア

b) 高リスクエリア

c) 特定のリスクの生じるエリア

d) 低リスクエリア

5.6 これらのそれぞれの機能しているエリアにおいて、事業会社は、トラストによって特別に除外されているエリアを除いて、全ての要素について合意された水準になるように責任を持って清掃すること。

5.7 事業会社は、添付資料Cに規定されている医療機器も責任を持って清掃しなければならず、トラストの汚染コントロール指針によって要求される標準になるまで清掃しなければならない。

5.8 誤解をさけるために、トラストの代表者と合意しない限りにおいては、トラストによって識別されたモノや機械を清掃したり、一般清掃ができるように移動させたりしてはならない。これには、以下のものを含まなければならない。

a) 外科手術用の器具

b) 麻酔機械

c) 顕微鏡

d) 実験室ベンチ

e) CSSD

f) 生理学的モニタリング装置

g) 利用されているときの患者の医療機器（例えば呼吸器、空気タンク、注入ポンプ）

h) 部署ベースのコンピューター、ディスプレイユニットおよびX線撮影装置または、機械のコンソール、放射線や危険警告標識を含んだもの

i) 充電や知慮のために接続されている機器

6. 特定要求

参照	パフォーマンス要因	未達成重要度	復旧許容時間	モニタリング手法
	日常清掃			
SP01	事業会社はサービス開始に先立ちトラストに日常清掃スケジュールを提出しなければならない。そして、それらがトラスト活動を支援していくことを確認するために、これらのスケジュールを四半期毎に見直ししなければならない。 事業会社はそのスケジュールに組まれた清掃が、事前にトラストの代表者によって許可された場合を除き、付録Aに記載されているアクセス時間内に清掃が行われていることを確認しなければならない。	高	1週間	スケジュールを掲示し、四半期毎にレビューを受けること。
SP02	事業会社は、要求されてから2時間以内にトラストに現在の清掃スケジュールを提出しなければならない。	高	2時間	未実施を不履行と見なす。
SP03	事業会社はトラストおよびサービス基準に同意した清掃スケジュールに従ってリスクが非常に高い機能領域でのスケジュールクリーニングを確実に完了すること。	高（各部屋が影響を受けた場合）	10分	未実施を不履行と見なす。
SP04	事業会社はトラストおよびサービス基準に同意した清掃スケジュールに従ってリスクが高い機能領域でのスケジュールクリーニングを確実に完了すること。	高（各部屋が影響を受けた場合）	20分	未実施を不履行と見なす。
SP05	事業会社はトラストおよびサービス基準に同意した清掃スケジュールに従って特定リスクのある機能領域でのスケジュールクリーニングを確実に完了すること。	中（各部屋が影響を受けた場合）	30分	未実施を不履行と見なす。
SP06	事業会社はトラストおよびサービス基準に同意した清掃スケジュールに従って低リスクの機能領域でのスケジュールクリーニングを確実に完了すること。	中（各部屋が影響を受けた場合）	1時間	未実施を不履行と見なす。
SP07	事業会社は全てクリーニング慣行がトラストの感染管理方針と手順を満たしていることを確実にしなければならない。	高	1日	清掃作業の毎月の見直し。未実施を不履行と見なす。
	追加サービス要求			
	事業会社は付録Bに記載されている[表1クリーニングサービスの実施と完了時間]に合わせて追加サービスの清掃要求に応答しなければならない。 なお、清掃サービス追加サービス要求は以下を含むが、以下に限定されるものではない。			

参照	パフォーマンス要因	未達成重要度	復旧許容時間	モニタリング手法
	a) 体液やその他の物質がこぼれて、（内部および外部を）汚していることに対して			
	b) 材料／交換部品／消耗品の補充、例えばトイレットペーパー、ハンドタオル、ハンドクレンザー等			
	c) ターミナル洗浄（感染患者がエリアを離れた場合など）			
	d) 臨床汚染に続くクリーンアップ			
	e) 維持管理作業に関連付く清掃作業（例えば、トラストによる再試運転後の清掃）			
	f) 住宅やオンコール宿泊施設のフル清掃または日常清掃			
	g) 洪水のような予期していなかった事件			
	h) その他ヘルプデスクが受け付けた要求			
SP08	清掃業務のための緊急追加サービスの要求は総労働時間内に実施されている。	高（各部屋が影響を受けた場合）	15分	未実施を不履行と見なす。
SP09	清掃業務のための緊急追加サービスの要求は完了時間内に完了されている。	高（各部屋が影響を受けた場合）	1時間	未実施を不履行と見なす。
SP10	清掃業務のための早急追加サービスの要求は総労働時間内に実施されている。	中（各部屋が影響を受けた場合）	20分	未実施を不履行と見なす。
SP11	清掃業務のための早急追加サービスの要求は完了時間内に完了されている。	中（各部屋が影響を受けた場合）	4時間	未実施を不履行と見なす。
SP12	清掃業務のための日常追加サービスの要求は総労働時間内に実施されている。	低（各部屋が影響を受けた場合）	30分	未実施を不履行と見なす。
SP13	清掃業務のための日常追加サービスの要求は完了時間内に完了されている。	低（各部屋が影響を受けた場合）	8時間	未実施を不履行と見なす。
	計画清掃			
	計画された清掃作業は、付録Dに含まれている。			
SP14	事業会社はサービス開始に先立ちトラストに計画清掃のスケジュールを提出しなければならない。そして、それらがトラスト活動を支援していくことを確認するために、これらのスケジュールを四半期毎に見直ししなければならない。	中	1時間	未実施を不履行と見なす。

参照	パフォーマンス要因	未達成重要度	復旧許容時間	モニタリング手法
SP15	事業会社はその計画清掃の活動が完了時間内にサービス基準に基づいて完了していることを確認しなければならない。	中（各部屋が影響を受けた場合）	1時間	未実施を不履行と見なす。
	バリア清掃			
SP16	トラストから要求がある場合は、事業会社はトラストの方針と"命の救済"MRSA（メチシリン耐性黄色ブドウ球菌）を含む健康管理に付随する感染を低減させるプログラムに基づいて、MRSA清掃を含むバリア清掃の手続きを実施しなければならない。	中（各部屋が影響を受けた場合）	1時間	未実施を不履行と見なす。
SP17	事業会社は、バリア清掃のために採用する手続きを導入前にトラストと合意することを確実にしなければならない。	高	1週間	4半期毎の見直しの実施。
	材料および清掃機材			
SP18	事業会社はクリーニングサービスの実施に使用する全ての清掃器具は、トラストの感染症管理方針に応じて洗浄しなければならない。	高	1日	未実施を不履行と見なす。
SP19	事業会社は、清掃サービスの実施に使用される全ての器具は、利用されていない間、トラストの活動を邪魔しないように格納されていることを確実にしなければならない。	高	1時間	未実施を不履行と見なす
SP20	事業会社は特定の場所で使用するための特定の清掃器具と材料は、それらの特定の場所でのみ使用されるように明確に印付けされていることを確実にしなければならない。	高	1時間	毎月の検査の記録未実施を不履行と見なす。
	追加清掃義務			
SP21	事業会社は、女性用衛生ディスペンサーは、その継続的な使用を確保するために、備え付けられ、頻繁に空にされていることを確認しなければならない。	高	1時間	未実施を不履行と見なす。
SP22	事業会社は、指定された利用者が使用する前に、非患者用ベッド（例えば呼出室、住宅宿泊施設などで）に清潔なリネンを配布しなければならない。	中（各部屋が影響を受けた場合）	1時間	未実施を不履行と見なす。
SP23	事業会社は、指定された利用者が呼出室や、家族の部屋を使用する前に、きれいなリネンでベッドメイキングを行わなければならない。	中（各部屋が影響を受けた場合）	15分	未実施を不履行と見なす。
SP24	スタッフは、指定された利用者が使用する前に非患者用ベッドから汚れたリネンを、袋詰めし・タグを付け、指定された収集エリアに運び出さなければならない。	中（各部屋が影響を受けた場合）	15分	月次検査の記録。未実施を不履行と見なす。

7. 除外項目

7.1 誤解を避けるために記載するが、次の項目は不動産サービスの一部ではない。

a）メンテナンス活動に続く臨床清掃を含むクリーニング。これは不動産サービスの仕様に含まれている。

b）ケータリングサービスでのみ使用するエリアの掃除。これは、ケータリングサービスの仕様に規定されている。

c）外部エリアでのごみ拾い。これは、グラウンド維持管理サービスの仕様に規定されている。

d）ごみ箱/廃棄物容器の提供。これは、廃棄物管理および処分サービスの仕様に規定されている。

8. 継続改善指標

以下のパフォーマンスの幅は、トラストによって設定されるものである。

KPI番号	継続改善指標	パフォーマンスの幅		
		緑	黄色	赤
01	病院の清潔に関してのスコア	<（　）%	（　）～（　）%	（　）%<
02	PEAT（患者環境アクションチーム）の清潔度のスコア	<（　）点	（　）～（　）点	（　）点<
03	追加サービスの要求のために緊急業務に従事した時間	<（　）分	（　）～（　）分	（　）分<
04	追加サービス要求のために早急業務に従事した時間	<（　）分	（　）～（　）分	（　）分<

添付資料Ａ　アクセスタイム

エリア[12]	認可された清掃のためのアクセス時間[13]
手術室	[ ] ～ [ ]
救急と救命	[ ] ～ [ ]
放射線科	[ ] ～ [ ]
救命救急診療	[ ] ～ [ ]
特別ケア ベビーユニット	[ ] ～ [ ]
病棟	[ ] ～ [ ]
外来	[ ] ～ [ ]
臨床的支援	[ ] ～ [ ]
会議室／セミナー室	[ ] ～ [ ]
その他のエリア（例事務室）	[ ] ～ [ ]

12　事業特性に合わせてトラストが設定する。

13　事業特性に合わせてトラストが設定する。

添付資料B　就労と完了時間[14]

表1　機能領域の分類

区分	運営ステータス	カテゴリーに含まれた機能エリア[15]
1	非常に高いリスク	[集中治療室（ICU）] [新生児ICUや特別ベビーケアユニット] [手術室] [特別ニーズエリア]
2	高いリスク	[CSSD] [滅菌サービス] [事故&緊急（A&E）] [薬局] [隔離室] 病棟 マタニティとCCU 公共の大通り
3	特定のリスク	デイアクティビティエリア リハビリテーション分野 住宅設備 病理 一般薬局 キッチン 研究所 霊安室 医用画像 外来クリニック 治療や処置室 カフェテリア 住宅設備 オンコール寝室/宿泊ルーム
4	低いリスク	事務エリア 非滅菌供給エリア

14　（保健省によって公開されている）クリーニングのための契約締約のガイダンスの改訂版に説明されている分類に基づく。

15　トラストが適切な範囲を明確に設定する。これは、汚染を最小限に抑えるために隣接するエリアが類似か、またはより高いレベルであることが必須。このような領域は、バスルーム、廊下、保管スペース、オフィス、会議室などを含むことができる。

表2 対応と完成時間

分野	対応時間	完了時間
緊急	15 分	1 時間
早急	20 分	4 時間
日常	30 分	8 時間
計画		合意されたスタート時間から20分以内

添付資料C　臨床アイテム

　事業会社は感染管理の指示書に基づいて次の機器をきれいにしなければならない。

- a）車椅子
- b）ベッドとマットレス（台車を含む）
- c）枕元のロッカー
- d）トイレの椅子
- e）ベッドサイドテーブル
- f）ベッドサイドの椅子
- g）ベッド上のテーブル
- h）点滴スタンド
- i）吸引機
- j）ベッドパンワッシャー
- k）ホイスト
- l）［必要に応じてトラストが記載する］

添付資料D　計画清掃活動

計画清掃[16]

清掃のタイプ	要素／エリア	頻　度
徹底清掃（Deep Cleans）	ソフト素材の床	毎年
	ソフト素材の家具	[　]カ月毎
	キッチン／カフェテリア	6カ月毎
専門家による清掃	手術室	[トラストが記載]
	無菌病棟	[トラストが記載]
	研究室	[トラストが記載]
	[トラストが記載]	[トラストが記載]
定期的清掃	[トラストが記載]	[トラストが記載]

16　トラストが完成させる。

演　習

設問：

　今までの内容が理解できたことを確認するために、次のような演習を用意した。ある病院の4月分の月次支払請求額を算定してみよう。なお、要求水準書は、添付のモデルと同じものとする。

この際、以下の条件が当てはまるものとする。

1) 1年間のサービス料金は365百万円とする。1日当たりのサービス料金は百万円＝Xとする。

2) 1年は365日、4月は30日として算定する。

3) 不具合に伴い施設が利用不能の場合の減額の仕組みは下表の通り。

4) 契約上の4月の月間日数は30日とする。

5) 支払メカニズムは、添付のNHSの例（減額は円を適用）を参照する。

6) 1日当たりの最大減額値は、100,000円（サービス売り上げの10%）とする。

不具合減額表

A	B	C	D	E	F=D×E	G=F/ΣF	H	I	J	K=X×G×H×(J/I)
対応カテゴリー	機能的エリア	機能ユニット	面積	重要度係数	調整後面積	ユニット比率	減額係数	1日当たり利用時間	1日当たり減額対象時間	減額算定値
緊急	外来患者に対する外科治療室	麻酔エリア	45	5	225	0.63%	2	24	24	12,600
		手術エリア	156	5	780	2.17%	2	24	24	43,400
		洗浄エリア	30	5	150	0.42%	2	24	24	8,400
		準備室	36	3	108	0.30%	2	24	24	6,000
		回復室	200	3	600	1.67%	2	24	24	33,400
		更衣エリア	40	3	120	0.33%	2	24	24	6,600
日常	廊下	廊下 I	20	1	20	0.06%	2	24	24	1,100
		廊下 II	10	1	10	0.03%	2	24	24	600
		廊下 III	15	1	15	0.04%	2	24	24	800
		廊下 IV	20	1	20	0.06%	2	24	24	1,100
		廊下 V	10	1	10	0.03%	2	24	24	600
他エリア										
合計			12,000		36,000	100%			1日当り基準額：X	1,000,000

発生事象：

　この事業で3月に不具合関連事象が次のように3件発生した。

事象1：

　3月2日10：00に看護師Aが、更衣エリアの電球が切れていることをヘルプデスクに電話で報告、10：03にヘルプデスクは電球の交換を維持管理チーム担当者Xに手配したが、電球在庫が無かった。電球を購入し、電球の取り換えは12：00に完了した。

事象2：

　3月3日16：00に、上記表の洗浄エリアに設置された蛇口が水漏れしていたので事務長Bがヘルプデスクに連絡した。10回（20秒）以上コールしても電話に出なかったのでBは、16：20にメール通知した。メールを受け取ったヘルプデスクは、すぐに電話を折り返し、内容を確認し配管工Y氏に連絡をした。連絡が取れたのは16：30、Y氏が現場に到着して、該当する蛇口につながる水道配管の元栓を締めたのが17：00、当日は部品がなかったため修繕活動ができなかった。ただし、安全対策を取り、夕方であったことから、特にヘルプデスクに連絡することなく一旦帰った。翌日4日の10：00に部品を持ってきて修繕活動を行い、11:00に修復を完了した。Y氏はヘルプデスクに、修復の結果を同日11：05に報告した。

　昨日連絡をした事務長Bから修復確認の連絡を10：30に受けたヘルプデスクは、今までの経過と、部品がなかったため、現在修繕活動中であることを告げた。ヘルプデスクはYから連絡を受けた後、11：08に事務長Bに修復が完了したことを報告した。

事象3：

　3月4日10：00に看護師Aが、廊下の電球が切れていることをヘルプデスクに電話で報告した。ヘルプデスクから連絡を受けた維持管理担当者Xは10：30に廊下の電球が切れている場所を確認し、電灯のスイッチを切り、特に安全化の対応を取る必要がないことを確認し、ヘルプデスクに連絡をした。当日は、この件以外に不具合の問題はないことをヘルプデスクは17：00に確認し、6日の10：00までに電球交換を行うよう維持管理担当者Xに確認した。二日後の3月6日の8：00にXは、電球の交換を行い8：15に完了し、8：20にヘ

ルプデスクに完了報告をした。ヘルプデスクは8：30に看護師Aに電球交換の終了を報告した。

前述の事象のモニタリング結果と支払い連動の仕方

事象1のモニタリングおよび減額算定方法：

　更衣エリアは不良事象対応レベルが緊急対応である。不動産サービス要求水準のSP13の「事後修理とメンテナンス」および添付資料Bの「初期対応と修復許容時間」の表より、30分以内の安全化対応と4時間以内の修復が求められる。これに対して、事象1の解決に実際にかかった時間は、3分の安全化対応と120分の修復までの時間であることから、減額対象とはならない。

事象2のモニタリングおよび減額算定方法：

　洗浄エリア不良事象を電話でヘルプデスクに通知した際に、ヘルプデスクは、ヘルプデスクサービスの要求水準SP16の15秒以内に電話に対応することができなかった。これは事業者のセルフモニタリング記録（ログ）の記録で確認しなければならない。適切なログが取れている場合には、得に減額対象ではないが、15秒以内に対応できるように修正対応が求められる。ただし、ログが適切にとられていなかった場合には、サービスパフォーマンス低下の「低」レベルの減額5£（約750円）が適用される。

　洗浄エリア不良事象の対応レベルは緊急対応である。不動産サービス要求水準のSP13の「事後修理とメンテナンス」および添付資料Bの「初期対応と修復許容期間」の表より、30分以内の安全化対応と4時間以内の修復が求められる。

　ヘルプデスクが配管工Y氏に連絡をしたのは、連絡を受けてから10分後であったが、特に安全対策は取られなかった。Y氏が安全対策と見なされる水道の蛇口を閉めた時間は、連絡を受けてから40分経過後であった。

　安全化対応の措置が取られずに30分以上経過した時点で施設が利用できない状態になったと認識され、洗浄エリアの減額8,400円が適用される。40分後に安全化対策が取られたことから、安全化対策に対する減額はそれ以上発動されない。

Y氏は部品がなかったため翌日部品を持ってきて修理をしたが、ヘルプデスクが連絡を受けてから修理が終わるまで18時間40分かかっている。

これは、修復許容時間である4時間が4回経過した後に、さらに2時間40分かかったことを意味する。1回目の4時間経過時には、洗浄エリアが利用できないことに対しての減額8,400円が適用されるが、同じ事象で既に安全化対応が取られずに8,400円が適用されているため、二重減額を適用しない。ただし、8時間経過後には、利用不能状態が新たに発生したものと見なした2回目の減額が、12時間経過後には3回目の減額が、16時間経過後には4回目の減額が適用される。従って、洗浄エリアの利用不能状態に対しての減額は8,400円×4回＝33,600円の減額となる。なお、この減額値は、最大減額値としての100,000円未満であることから、全額が適用される。

事象3のモニタリングおよび減額算定方法：

電球が切れたことに対する対応は、不動産サービス要求水準のSP13の「事後修理とメンテナンス」および添付資料Bの「初期対応と修復許容時間」の表より1時間以内の安全化対応と48時間以内の修復である。

3月4日に廊下の電球が切れていることの連絡を受けたヘルプデスクは、安全化対応を取る必要がないことを確認しており、しかも、電球交換が終了したのは、連絡を受けてから46時間15分であるため、要求水準内で修復が完了している。そのため減額は発動しない。

　本書の出版企画は、日刊建設工業新聞「所論諸論」へ昨年12月に著者が寄稿した「日本経済の強靱化計画促進、物品調達からサービス調達へ」というコラム記事から始まった。

　このコラムでは、「日本のPFI手法では、施設は施設引渡し段階で公共の実質的所有となり、従来調達と同様に施設整備費は確定債務となる。しかも、施設整備費を、サービス売り上げに転換していないため、経済規模も拡大しないし、税収が2倍になるわけでもない。もしこのような売り上げも税収も伸びない仕組みを続けている背景に、日本のモノは壊れにくく、公共がモノの壊れるリスクを取るのは当然であるという『リスクを取れる者にもリスクを取らせない文化』が存在し、"モノの壊れるリスクを取るサービス提供者"の誕生を阻害しているのならば、経済を活性化させるためには、そのような文化は変える必要がある。そして、その文化を変える手段が政策であるのならば、政策によって経済を活性化させることを政治家や、国家公務員に期待したい」と提言した。

　しかしながら、どのようにして文化を変えるのか（具体的には物品調達をサービス調達に転換することの内容）が分からないままでは、政策が立案できない。そのため、この物品調達のサービス調達への転換の具体的な内容を出版する意義があるのではないかと、日刊建設工業新聞社編集局に相談し、出版に向けた検討が始まった。

　本書の執筆に当たり、前著『脱「日本版PFI」のススメ』（2007年）の添付資料である「NHS（国民健康保険）標準サービスレベル仕様書（第2版）」の見直しについて解説した資料がお蔵入りになっていたので、具体的な事例としてそれを活用した。その活用に当たっては、このサービスレベル仕様書を理解してもらうために、民間へのリスク移転の観点から記載していた前著の内容を、施設調達からサービス調達に転換する観点で見直した。

　出版の打ち合わせで、同社編集局の出版担当者からは本書の企画内容についてコメントをいただいた。さらに原稿の校正を重ねていく中、章の構成や図表を変更したり、言葉の揺れや誤字を修正したりと、著者が書き直すたびに、制作担当者には手間をおかけした。全ての誤謬が修正されたとは言い切れないが、このように大変な作業の結果として出版できたことに、同社の皆様にはお礼を申し上げ

たい。
　また、国立研究開発法人物質・材料研究機構（NIMS）の知京豊裕特命研究員（外部連携部門長兼任）、山口市、北九州市、森ビル都市企画株式会社の皆様を含め、出版までにご協力いただいた多くの方々にこの場を借りて感謝を申し上げたい。

2022年11月　著者

熊谷 弘志（くまがえ・ひろし）
オフィス・クマガエ代表
クラウンエイジェンツ・ジャパン株式会社PPP事業部シニアアドバイザー

1984年青山学院大学経営学部卒業。ESADEビジネススクール国際経営修士。清水建設株式会社に入社し、香港に赴任。1988年〜1990年スペイン留学の後、欧州とアフリカ各国の建設事業、1998年から英国でPFI業務に従事する。2000年に帰国後、PPPコンサルタントとしてPwCファイナンシャルアドバイザリーサービス株式会社、KPMGビジネスアシュアランス株式会社、アビームコンサルティング株式会社を経て2013年より現職。

内閣府PFI事業の総合評価検討委員会委員、自治体PFI推進センター専門家委員会委員、新宿区区立図書館指定管理者制度選定委員会委員長代理、横浜市横浜市立図書館指定管理者制度選定委員会委員、東京大学総合図書館リニューアルプロジェクトにおける有識者会議メンバー、英国大使館PFI講師、慶應義塾大学大学院特別招聘講師および兼任講師（非常勤）、大阪市立大学大学院創造都市研究科ワークショップ講師などを歴任。

脱「日本版PFI」のススメ —令和編—
～急がれるサービス調達型への転換～

発　　　行	2022年11月1日　　第1版第1刷	
著　　　者	熊谷弘志	
発　行　所	日刊建設工業新聞社	
	東京都港区東新橋2-2-10　電話03(3433)7151	
発行・発売所	東洋出版	
	東京都文京区関口1-23-6-3F　電話03(5261)1004	
印　　　刷	日本ハイコム